# 철학과 사건

*Liberté · Égalité · Fraternité*
**RÉPUBLIQUE FRANÇAISE**

Cet ouvrage, publié dans le cadre du Programme de Participation à la Publication Sejong, a bénéficié du soutien de l'Institut Français de Corée du sud.
이 책은 주한 프랑스문화원의 세종 출판 번역 지원 프로그램의 도움으로 출간되었습니다.

**La philosophie et l'événement**
**by Alain Badiou, Fabien Tarby**

# 철학과 사건

알랭 바디우, 파비앵 타르비 지음 | 서용순 옮김

나는 이 책을 있게 했던 대화의 시간을 기억한다. 흔쾌히도 그리고 큰 관심을 갖고, 알랭 바디우는 그의 저작에 대한 대담집을 만들자는 생각을 받아들였다. 그것은 대단히 지적이고 인간적인 강도를 갖는 시간들이었다.

주제를 다섯 가지로 고정한다는 생각은 매우 빨리 받아들여졌다. 철학에 다다르기 위해, 정치, 사랑, 예술, 과학이라는 네 가지 조건들을 통과하는 도정보다 더 나은 코스가 있겠는가?

첫 번째 대담의 주제로 정치를 선택하는 것은 특히 반가운 것이었다. 정치는 바디우의 저작에 접근하는 첫 번째 단계이고, 모두에게 말한다는 맥락에서 확실히 그 자체로 접근하기 더욱 어려운 것이 될 철학적 개념들을 정의하는 기회로 나타난다. 사랑에 대한 대담은 정치에 대한 대담에 이어지는 상당히 논리적인 연속으로 제시되었고, 그것은 예술, 과학 그리고 철학에 대한 대담에 대해서도 확실히 그랬다. 달리 말하면, 대화 그 자체는 대단히 만족스럽게 바디우의 사유에 대한 소개가 되었다. 그것은 상당 부분이 책의 기획 안으로 들어오게 하는 바디우의 따뜻하고 친절한 방법에 기인한다.

독자는 이 책의 말미에서 내가 쓴 〈알랭 바디우 철학에 대한 짧은 소개Courte introduction a la philosophie d'Alain Badiou〉를 읽을 수 있을 것이다. 그 글은 하나의 보완물complément이자 보충물supplément로, 바디우의 저작을 훑어보는 새로운 기회가 될 것이다.

따라서 나는 이 위대한 철학에 발을 들이고자 노력하는 독자들에게 있을 수 있는 어려움에 불안해하지 말고 이 철학을 읽는 데 과감하게 뛰어들 것을 강하게 권한다. 독자는 이 대담의 도정 자체를 통해 불가피하게 바디우의 사유의 핵심으로 인도될 것이다. 철학자 그 자신이 독자를 안내하고 있다.

요컨대 이 책은 편집자인 장 텔레즈가 희망한 것처럼 '바디우 철학에 대한 개괄적인 입문'에 적합한 것인가? 그에 대해서는 독자가 판단할 것이다. 어쨌든 나는 그렇게 되기를 희망한다. 그러나 나에게 그 경험이 어떤 것이었는지 말해야 한다. 그것은 내게 이 철학의 쇄신된 전망을 주었고, 내가 오랫동안 읽고 성찰한 저작과의 따뜻하고 직접적인 만남, 놀라운 재회였다. 나는 바디우에게 깊은 감사를 표한다.

이자벨 보도즈Isabelle Vodoz는 이 책의 구성에 대한 주의 깊고 엄밀한 도움을 주었다. 그녀에게도 또한 깊이 감사한다.

파비앵 타르비

# 차례

1장

# 정치

## 오늘날의 정치 영역-좌/우의 대립, 합의

**타르비** 알랭 바디우 선생님, 선생님의 삶과 저작에서 정치는 본질적인 자리를 차지하고 있습니다. 게다가 선생님의 용어에 따르면 정치는 선생님에게 철학의 조건들 중 하나입니다. 그러니 정치를 통해 선생님의 철학으로 접근해보죠. 무엇보다 먼저 오늘날 정치를 한다는 것은 어려워지지 않았습니까? 저는 또한 선생님이 정치를 어떻게 정의하시는지 들었으면 합니다. 정치적 진리 속에서 정치란 어떤 것입니까?

**바디우** 오늘날 사람들이 처해 있는 강제의 체계를 잘 고려해야만 합니다. 그들에게 어떤 행동의 여지가 있을까요? 그들의 자유는 무엇일까요? 진정한 정치가 있기 위해서는, 무언가가 일어나는 틀이 해독 가능한 동시에 분할되어 있어야 합니다. 예를 들어, 만약 사회가 모순적인 이해 관심들을 가진 계급들의 사회라면, 정치는 그 틀 안에 기입될 것입니다. 만약 기존 질서가 평등과 완전히 양립 불가능한 집합적 조직화에 근거한다면, 정치는 국지적으로 그리고 전체적으로 그 문제를 다뤄야 할 것입니다. 정치는 언제나 모순의 성격에 관해 우리가 아는 것, 우리가 실험하는 것과 관련되어 있습니다. 나는 우리가 상속받은(그러나 우리는 그 전통의 불편한 상속자, 좌절한 상속자입니다) 정치적 전통 속에서 중요한 점은 적들ennemis이 있는 것이라고 생각합니다. 단지 반대자들만 있는 것이 아니라 적들이 있습니다. 우리가 본질적으로 받아들일 수 없는 것으로 간주하는 세계관을 가진 사람들이 있습니다. 그 세계관은 그들이 우리에게 부과하는 것, 우리에게 기대하는 것이지요.

그렇게 적 개념을 명료하게 하는 것은 언제나 그 위대한 전통 속에서의 정치의 지평, 특히 혁명적 전통 속에서의 정치의 지평에 있는 것입니다. 프랑스혁명에서 출발하여 1980년대에 이르기까지, 그 정치는 상당히 막연한 의미에서 혁명적인데, [거기서] 난점은 오늘날 이 적이라는 문제가 절대적으로 확실치 않다는 데 있습니다. 그것은 두 가지 이유에서 확실치 않습니다. 우선 세계적인 수준에서 볼 때, 소비에트연방의 붕괴는 매우 명확한 객관적 틀이었던 어떤 이원성을 종결시켰습니다. 두 가지 진영, 두 가지 방향, 두 가지 모델이 나타내던 이원성 말입니다. 다음으로 국가의 내부에서 볼 때, 계급이라는 여건donnée은 우리의 사회가 중간계급이 계속 확장되는 사회라는 생각을 위하여 제거됩니다. 중간계급이 민주주의적 정치의 진정한 버팀목이라는 생각이 도처에서 부과됩니다. 말하자면, 거대한 중간계급이 있고, 그 주변에 한편으로는 매우 부유한 사람들로 이루어진 작은 소집단(불행히도 '불가피한' 그러나 아주 수가 적은……)이, 다른 한편으로는 소수의 매우 가난하고, 심하게 착취당하는 사람들이 있다는 것이죠. 그것은 논쟁과 토론, 불일치는 있지만 엄밀히 말해 적은 없다는 생각이고, 그것은 합의된 것으로 주어진 것입니다.

**타르비** 선생님께서는 우리 시대의 일차적인 문제가 정치적 의식의 부재라기보다는 참여의 난점 또는 거부, 즉 투사적 정신의 쇠퇴라고 말씀하시는 것입니까?

**바디우** 저는 합의로부터 빠져나오는 것이 오늘날의 난점이라고 말하겠습니다. 그것이 현실적인 어려움입니다. 거기서 빠져나가기를 원하는 것으로는 충분치 않습니다. 거기서 빠져나가기로 결정하는 것은 그것보다 훨씬 더 어려운 일입니다. 우리는 우리 사회를 구성하는 여건과 마주하고 있습니다. 우리 사회는 지금 정말로 외부에만 있는 적을 가정합니다. 말하자면, 알-카에다, 이슬람 테러리즘 등등. 우리는 주요 모순이 문명인과 야만인 사이의 모순이라는 생각으로 되돌아왔습니다. 그러나 로마제국이 몰락하는 시대에 그랬던 것처럼, 주요 모순이 문명인들과 야만인들 사이에 있을 때 더 이상 정치는 없습니다. 경우에 따라 전쟁이 있고, 치안이 있지만, 정치는 없습니다. 우리는 주요 모순이 야만인들과 문명인들 사이의 모순이라는 생각을 버려야 합니다. 결국 우리는 합의에서 벗어나야만 하는 것입니다. 그러한 합의는 모든 사람들이 우리의 사회가 변하지 않을 것이라는 확인된 사실에 별다른 차이 없이 동의한다는 것을 확인합니다. 요컨대, 경제에서의 자본주의와 정치에서의 의회민주주의의 조합이 아주 좋다는

것, 바로 이것이 합의가 단언하는 바입니다. 위기는 특히 그것을
명백하게 만들었습니다. 모든 사람이 유동자산을 구하는 데, 그
리고 특히 금융 대혼란에 직접적인 책임이 있는 은행들을 구하는
데 동의했다는 점에서 말이지요.

그런 조건들 속에서, 참여하거나 투사가 되는 것은 어렵습니다.
그렇게 하기 위해서는 단절에 대한 최소한의 의식, 즉 합의적이
지 않은 의식을 가져야 하고, 세계의 법칙에서 벗어나는 무언가
를 해야 한다는 생각을 가져야 하기 때문입니다. 그러한 참여의
어려움은 또한 오늘날 지배적 사태에 대한 비판이 어느 지점에서
부터 이루어지는지, 어떻게 그 비판이 시작되고, 조직되는지 밝
혀내는 어려움과 연관됩니다. 이전의 일반적인 틀은 효과적이지
않습니다. 우리는 더 이상 제국주의 진영과 사회주의 진영 사이
의 투쟁에 의거할 수 없고, 더 이상 부르주아지와 프롤레타리아
사이의 모순에 명확하게 의거할 수 없습니다. 우리는 더 이상 잔
존하는 어제의 무력한 모순을 조금도 신뢰할 수 없습니다. 말하
자면 우파와 좌파 사이의 모순 말입니다.

결국, 적은 어디에 있는가? 친구는 어디에 있는가? 이 질문들
은 극도로 혼란스러운 것이 되었습니다. 우리가 비관주의자라면,
엄밀하게 말해서 우리는 정치의 순전한 소멸의 시기에 있다고 결
론짓게 될 것입니다. 실제로, 정치가 있는 것은 우리가 국가에 대
해, 경제에 대해 토론하고 있기 때문이 아닙니다. 정치는 주체적
이고 강한 활동, 새로운 진리들을 생산할 수 있는 활동입니다. 그

런 의미에서, 현재의 조건하에 정치가 존속할 수 있을까요? 그것은 열려 있는 문제입니다. 로마제국의 말기에 그랬던 것처럼, 루이 14세의 지배하에서 정치는 없었거나, 또는 매우 드문 것이었습니다. 그렇게 정치가 실질적으로 없는 역사적 시퀀스들이 있습니다. 그러므로 우리가 말하는 어려움은 본질적이며, 그 어려움은 오늘날 정치의 가능성, 또는 실재에 걸려 있습니다.

**타르비** 선생님은 또한 좌파의 존재는 진리와의 관계를 유지하는 것이고, 그에 반해 우파의 존재는 구조적인 것, 즉 흘러가는 세계에서의 만족의 추구, 이러저러한 동물적 갈망의 충족, 현실의 수용 외에는 다른 의미가 없다고 말씀하시는 겁니까?

**바디우** 그렇게 말한다면, '좌파'라는 말을 지배적이지 않은 의미로 해석하는 것입니다. 오늘날 좌파의 존재, 그것은 우리가 '민주주의'라고 부르는 지배적인 정치 체계에 내적인 어떤 자리를 차지하는 것입니다. 좌파와 우파는 간단히 말해 우리가 '서구적'이라 부르는 모든 잘난 체하는 민주주의들을 구성하는 여건들donées입니다. 한편으로 보면 모든 것이 같을 때, 불우한 사회적 계층들에게 자기 수중에 있는 이익 중 아주 적은 부분을 나누어주기로 한다면 그 사람들은 좌파에 속한 것입니다. 나는 현재의 좌파에게서 다른 어떤 것도 보지 못합니다. 바로 이런 의미에서, 좌파는 합의에 내적인 범주, 즉 체계가 절대적으로 필요로 하는 범주일 뿐입니다. 체계는 변조된 모순을 통해, 적들을 허구적으로 지칭하는 게임, 거짓-정치에 활력을 불어넣는 미묘한 차이들에 기초하여 적들을 지칭하는 게임을 통해 살아가는 것을 필요로 합니다. 그러나 나는 어쨌든 당신이 '좌파'를 다른 의미로 파악하고 있다는 것을 잘 압니다.

**타르비**  예, 구조적인 의미에서가 아닌, 우리가 '사건적'이라고 명명할 수 있을 그런 의미에서의 '좌파'를 말한 것입니다. 구조적인 의미에서의 좌파는 선생님께서 말씀하신 합의의 체계 내에 붙잡혀 있고, 결국 정치적으로도, 또한 경제적으로도 그것을 문제 삼지 않습니다. 반면에 사건적 의미에서의 좌파는 진정한 단절이 일어나는 것을 결코 포기하지 않지요. 그것이 좌파의 목표입니다. 그리고 상황과 구조를 바꾸는 어떤 것이 도래해야만 한다는 것, 바로 그것이 선생님의 정치적 사건에 대한 사유입니다.

**바디우**  그런 경우에 '좌파'라는 말을 지킬 수 있을지도 모르겠습니다. 만약 그렇게 한다면, 그때 '좌파'라는 말은 실제로 집단적인 것의 진리, 즉 창조, 새로움, 가치들 자체와 관련하여 실제로 할 수 있는 것의 진리를 끌어내는 지평과 과정을 갖는 정치를 의미하게 될 것입니다. 따라서 정치는 인간 집단이 능동적이 되도록 하는 과정, 인류 자신의 운명에 대해 새로운 가능성들을 만들어낼 수 있도록 하는 과정들 전체입니다. 그런 경우라면, 나는 당신의 말을 받아들입니다. 좌파는 진리의 과정이며, 우파는 오로지 사물들의 관리, 즉 있는 것의 관리일 뿐입니다. 우리가 거의 모든 대의제 민주주의에서 보는 것처럼, 그것이 보통 우파가 권력을 잡는 이유입니다. 말하자면, 우파는 있는 것과 동질적입니다. 우파가 해결하기 힘든, 어느 정도 새로운 문제들이 나타날 때는 좌파도 가끔 권력을 잡습니다.

따라서 나는 의회적 좌파를 전체 체계 안에서의 조절 변수로 정의할 것입니다. 우리는 여론이 자본주의에 맞도록 재조정되어야 하는 시기에 좌파가 권력을 잡는다는 것을 보여줄 수 있을 것입니다. 미테랑의 대통령 재임 시의 과제들 중 하나는 바로 금융 자유화에 착수하는 것이었고, 그것은 아주 넓게는 베레고부아Pierre Bérégovoy[1]의 일이었습니다. 이 자유화는 여론을 오늘날의 세계화된 자본주의의 변수들에 맞게 조정하는 데 필수적이었습니다. 그러한 조정은 우파가 아니라 좌파가 했던 일입니다. 우파는 그 움직임을 뒤따라갔을 뿐입니다. 블레어는 그의 편에서 대처가 아주 흉폭하게 열어놓은 길을 따라갔습니다. 나의 영국 친구들이 블레어를 '인간의 모습을 한 대처'라고 말할 때, 그들은 블레어를 아주 훌륭하게 정의하는 것입니다.

**타르비** 선생님께서는 아마도 극좌파로 분류되거나 '급진 좌파'로

---

1  프랑수아 미테랑 대통령의 집권 말기인 1992~1993년 당시의 프랑스 수상. – 옮긴이

평가되는 조직들에 대한 불신 또는 회의가 있는 듯합니다. 저는 특히 반자본주의 신당le Nouveau Parti Anticapitaliste[2]에 대한 선생님의 입장들을 염두에 두고 있습니다. 그러나 선생님의 전략과 그들의 전략이 양립할 수 없는 것일까요? 내부의 시스템과 싸우는 동시에 사건에 호소할 수는 없을까요? 반자본주의 신당NPA의 논리는 선생님의 논리와 반드시 모순되지는 않는 반면, 선생님의 논리는 그들의 논리와 모순되는 것 같아 보입니다.

**바디우**  우선 나는 정치적인 전략을 정의하는 것은 철학자의 일이 아니라고 말하고 싶습니다. 내가 관심을 갖는 것(NPA는 그것의 아주 특수한 예가 됩니다)은 언제나 정치적인 새로움에 비추어 철학을 위치 짓는 것이지, 낡은 또는 반복적인 정치 형식에 비추어 철학을 위치 짓는 것이 아닙니다. 문제는 NPA가 하고 있는 것과 공산당이 그 전성기에 했던 것 사이에 차이가 거의 없다는 것입니다. 그것은 두 가지 측면 사이의 정돈되고 체계적인 결합과 관계됩니다. 한편으로, 의회 내부의 활동이 있습니다. 그들은 선거에 나가고, 가능한 최대한의 표를 얻으려 노력하고, 해가 될 수 있

---

2  '반자본주의 신당'은 2009년 2월에 창당된 프랑스의 극좌 정치 정당이다. 2007년 대선이 끝난 후 트로츠키주의 정당이었던 혁명적 공산주의 연맹(Ligue communiste révolutionnaire)은 자본주의에 반대하는 모든 세력을 포함하는 새로운 반자본주의 정당의 건설을 위해 결집할 것을 주장했고, 그 결과 사회당과는 완전히 독립적인 정당으로서의 '반자본주의 신당'이 결성되었다. ─옮긴이

는 동맹을 거부합니다. 다른 한편으로, 사회적 투쟁이 있습니다. 그들은 조합적 관료제에 침투하는 무시할 수 없는 시도들을 통해 사회적 투쟁의 내부에서 능동적으로 활동합니다. 공산당은 그러한 활동들을 더할 나위 없이 훌륭하게 수행했습니다. 공산당은 그 전성기에 20~25퍼센트까지 득표하는, 선거에서 아주 중요한 세력이었습니다. 게다가 공산당은 가장 중요한 노조 조직인 노동총동맹CGT, Confédération Générale du Travail[3]을 장악했습니다. 공산당은 노동자와 대중의 투쟁에 있어서의 비중 있는 영향력과 '붉은 방리유banlieues rouges'[4]와 같은 주로 지자체 선거에서의 보루들의 장악을 결합합니다. NPA는 그런 것에 대해 어떤 창조적인 면도 보여주지 못합니다. 결국, NPA는 고전적인 극좌파입니다. 한편으로는 국가와 선거에 눈을 돌리고, 다른 한편으로는 '시민사회', 사

---

3  1895년에 설립된 프랑스 최대의 노동조합 연합 조직. 1930년대 프랑스 인민전선 정부를 지지하여 주 40시간 노동제를 확립하고 유급 휴가제를 쟁취하기도 했다. 2차 세계대전 이후에는 프랑스공산당을 지지하여 공산당의 가장 확실한 지지기반이 되기도 했다. 1970년대 이후 프랑스공산당이 급격히 위축되고, 중공업 노조가 약화됨에 따라 영향력이 급격히 약화되었다. ─ 옮긴이

4  방리유(Banlieues)는 대도시 인근의 위성 도시와 교외 지역을 총칭하는 말이지만, 모든 사회적 문제가 집약된 공간으로 간주되기도 한다. 예컨대 방리유는 소외된 이들이 유폐되어 살아가는 곳이고, 빈곤한 이민자, 파산한 실업자, 저임금-비정규직 노동자 거주지의 상징인 것이다. 그런 빈곤과 소외의 상징인 방리유는 주로 파리의 동쪽과 (서)북쪽에 집중적으로 분포하고 있는데, 이 지역은 선거에서 공산당이 어지간해서는 패하지 않는 곳이다. 수많은 공산당의 실력자들이 이 지역을 기반으로 하는 정치인들이라 할 수 있다. 그렇게 공산당이 선거구를 장악하고 있는 파리 주변 위성도시 지역을 흔히 '붉은 방리유'라고 부른다. ─ 옮긴이

회적 투쟁에 눈을 돌릴 뿐입니다. 철학자는 이런 종류의 시도들을 '당신들은 우파다', '당신들은 혁명을 배반했다'라는 유형의 투사적인 범주들을 통해 판단하지 않습니다. 철학자는 단지 문제가 되는 것은 반복이라는 것, 철학의 정치적 조건의 힘을 갖는 모든 것은 반복의 질서에 속할 수 없다는 점을 확인할 뿐입니다.

## 미디어와 선전

**타르비** 선생님에 따르면, 결국 NPA는 합의적 민주주의의 틀에서 출발하여 사건을 만들어낼 수 있다고 믿기 때문에 문제를 잘못 짚고 있는 것입니다. 이 틀의 주된 구성 요소는 미디어의 체계입니다. 선생님은 미디어 체계의 활동을 어떻게 분석하십니까?

**바디우** 내 생각에, 어느 시대나 지배적인 장치, 국가 권력은 대단히 강력한 선전 장치들을 자유롭게 사용합니다. 대체로 꽤 매력적으로 보이는 예를 제시해보겠습니다. 그렇죠. 사람들은 저녁 시간을 텔레비전 앞에서 보냅니다…… 그러나 18세기 이전의 프랑스에는, 작은 마을마다 사제가 딸린 교회가 있었습니다. 그때 평범한 사람들의 주거환경을 지배하는 거대한 건축물은 종을 울리고 일상생활에 리듬을 주었습니다. 사제는 고해를 들어주고 일요일마다 강단에 올라 해야 할 것과 생각해야 할 것에 대해 말했습니다. 이것은 왕에 대한 찬양과 더불어, 대부분 문맹인 신자 회중을 앞에 두고 행해지는 절대적으로 뛰어난 선전 장치입니다. 신자들이 듣는 것은 오로지 구조화된 문구입니다. 오늘날 그런 것은 잊혔습니다. 교회들은 버림받았습니다. 마을에서 교회들은 반쯤은 폐허가 된 유적에 불과합니다. 그러나 이런 모든 것이 활기를 띠고 있던 시대에는 아주 범위가 넓고, 굉장한 힘을 가진 선전기구가 그곳에 있어서, 사람들의 삶을 내적으로 구조화했고, 전통의 계승을 조직했습니다. 오늘날 우리에게는 기술적이고, 분화된 미디어 장치가 있습니다. 그것이 제가 방금 말한 선전 장치보다 더 크고, 더 명확한 영향력을 지닌다고 간주할 수 있을까요? 그것은 전혀 확실하지 않습니다. 오늘날의 선전 장치는 사회 전체와 마찬가지입니다. 한편으로 그 선전 장치는 합의의 수단인데, 그 장치가 거대 금융 세력에 의해 장악되어 있기에 더욱 그러합니다. 다른 한편으로 그 장치는 어쩌면 교회나 군주 군가의 낡은 선전에 비해 훨씬 더 다양화되고, 훨씬 덜 조잡한 이데올로기적 수준에 있습니다. 물론 그 장치는 모든 대규모의 선전이 그런 것처럼 의견을 조직합니다. 그러나 민주주의적이고 의회주의적인 나라에서, 의견에게 요구하는 것은 세부적인 수준의 복종이 아닌 매우 일반적인 수준의 복종일 뿐입니다. 내가 보기에 확실하고, 거대하며, 지배적인 행위인 이 선전은 개인적인 행동의 수준에 충분한 여지를 남겨둡니다. 과거의 선전들이 남겨두었던 여지는 매우 제한된 것이었습니다.

　내가 보기에 미디어 체계의 진정한 본질은 합의 그 자체 안에 있습니다. 합의야말로 미디어를 미디어이게 하는 것이기 때문입니다. 나는 미디어가 합의를 구축한다고 생각하지 않습니다. 사람들로 하여금 미디어들의 초라한 반복과 정보의 빈곤을 용인하도록 하는 것이 바로 합의입니다. 게다가 사람들은 미디어를 즐기고, 미디어에 몰두하며, 미디어에 기여하고, 거기서 제 역할을 할 것입니다. 어떻게 사람들이 미디어 안으로 호출되는지, 어떻게 사람들이 미디어에 호출되기를 좋아하는지를 봐야 합니다. 사람들은 그들이 그 과정 안에 있다고 말하며 기뻐합니다. 그들은 [한심한] 미디어 쇼를 작동하게 할 준비가 되어 있습니다. 기본적으로, 선거가 국가의 몫인 것처럼, 미디어는 의견의 몫입니다. 말하자면 이는 동의를 통한 가담인 것입니다.


## 사건이란 무엇인가


**타르비**　우리는 방금 우리 시대의 구조에 대해 말했습니다. 선생님은 그 구조와 사건의 가능성을 대립시킵니다. 결국 정치적 사건이란 무엇입니까?

**바디우** 나에게 사건이란 비가시적이었던 것 또는 사유 불가능하기까지 했던 것의 가능성을 나타나게 하는 어떤 것입니다. 사건은 그 자체로 현실의 창조가 아닙니다. 그것은 어떤 가능성의 창조이고, 어떤 가능성을 열어젖힙니다. 사건은 알려지지 않았던 가능성이 실존한다는 것을 우리에게 가리킵니다. 어떤 점에서 사건은 하나의 제안에 불과합니다. 사건은 우리에게 무언가를 제안합니다. 모든 것은 사건을 통해 제안된 이 가능성이 세계 안에서 포착되고 검토되며, 합체되고 펼쳐지는 방식에 달려 있을 것입니다. 그것이 내가 '진리의 절차'라고 부르는 것입니다. 사건은 어떤 가능성을 창조하지만, 정치의 틀 안에서는 집단적인 작업이 그리고 예술적 창조의 경우에는 개별적인 작업이 그 뒤로 이어져야 합니다. 그래야 비로소 그 가능성은 현실이 됩니다. 말하자면 그 가능성이 세계 속에 단계적으로 기입되는 것이지요. 그때 중요한 것은 사건이라는 그 단절이 가져오는 현실 세계 속에서의 결과들입니다. 나는 진리에 대해 말하는 것인데, 왜냐하면 세계의 법칙뿐만이 아니라 그 진리를 말하는 무언가가 창조되기 때문입니다.

　사건은 세계 속에 진리 절차의 가능성을 창조하는 것입니다. 그것은 절차 그 자체를 창조하지 않습니다. 우리는 정치적이거나 정치 외적인 모든 영역들에서 여러 예증을 제시할 수 있습니다. 가장 간단한 예는 사랑입니다. 우리는 당신이 '사랑에 **빠진다**'고 말합니다. 당신은 누군가를 만납니다. 당신과 그 사람 사이에서, 그 사람과 당신 사이에서, 개인적이고 경험적인 실존 속에서, 뜻 밖이고 예측할 수 없는 가능성이 열리는 일이 있습니다. 그것은 만남만이 사랑을 이룬다는 말이 아닙니다. 무언가를 체험하는 것이 필요할 것이고, 결과도 필요할 것입니다. 만남이란 미리 계산할 수 없었던 어떤 가능성이 내 자신의 삶 속에서 열리는 것입니다. 1792년에 일어났던 튈르리 궁전 공격이나 파리 시민들의 대포를 빼앗으려 했던 ─ 파리코뮌을 일으켰던 정황 ─1871년 3월과 같은 정치적 사건은 마찬가지로 이전에는 알려지지 않았던 가능성(공화국, 노동자 권력)의 출현입니다. 정치적 사건은 오늘날, 그 차원이 무엇이던 간에 정치적 가능성의 국지적인 열림인 것입니다.

**타르비** 그러나 물론 지배 구조는 언제나 있습니다. 그 구조는 사건에 대립하고, 사건이 전대미문의 것을 아낌없이 드러낸다는 점에 대립합니다. 다시 말해 불가능한 것이 가능하게 되는 것이지요……

**바디우** 그렇습니다. 그리고 그것은 바로 권력, 국가, [현]상태 l'état des choses 입니다. 가능성을 독점할 것을 주장하는 것이죠. 그것은 단지 현실을 지배하는 것이 아닙니다. 그것은 가능한 것과 불가능한 것을 일컫는 것입니다. 이는 오늘의 시대와 관련하여 매우 중요합니다. 오늘날의 권력은 우리에게 그 권력이 모든 것을 매우 잘하고 있다고 믿으라고 요구하는 것이 아니라—또 한편으로는, 권력이 모든 것을 매우 잘못하고 있다는 말은 언제나 반대에 부딪힙니다—그것이 유일하게 가능한 것이라고 믿으라고 요구합니다. 정치적 사건이란 지배적인 권력이 행하는 가능한 것의 통제에서 벗어나는 가능성을 돌발하게 하는 어떤 것입니다. 갑자기 사람들은, 때로는 많은 사람들이 다른 가능성이 있다고 생각하기 시작합니다. 그들은 그것에 대해 토론하기 위해 집결하고, 새로운 조직들을 만듭니다. 어떤 경우에는 몇 가지 중대한 과오를 범하지만, 그것이 중요한 점은 아닙니다. 그들은 사건에 의해 열린 가능성이 살아 있도록 합니다.

나는 모든 창조의 질서에서 일어나는 일이 그렇다고 생각합니다. 어떤 주어진 순간 무언가가 도래하여 가능성의 통제와 국가의 가장 일반적인 정의를 망가뜨리는 것이죠. 우리는 국가가 현실적인 억압이라는 생각을 엄청나게 역설해왔지만, 더욱 본질적으로, 국가는 가능한 것과 불가능한 것에 대한 생각을 배열하는 것입니다. 사건은 불가능하다고 선언되어왔던 것을 가능한 것으로 전환시킬 것입니다. 가능한 것은 불가능한 것에서 벗어날 것입니다. 그래서 1968년 혁명에서 '불가능한 것을 요구하라!'라는 슬로건이 나왔던 것이죠. 그런 유형의 모든 슬로건과 마찬가지로, 부분적으로 이 슬로건은 대범하고 피상적이지만, 또한 아주 심오한 것이기도 합니다. '불가능한 것을 요구하라'라는 슬로건이 의미하는 것은 '새로운 가능성들을 견지하라. 기존 질서 안에서 가능하거나 불가능하다고 선언된 것으로 돌아가라고 우리에게 강요하지 말라'는 것입니다. 참여에 대한 당신의 질문을 이어가자면, 그런 유형의 정황들에 참여하는 것은 그것을 통해 자신을 붙잡는 것입니다. 그것은 자신을 붙잡는 것 또 한편으로는 사로잡히는 것을 받아들이는 것입니다. 여기서 능동성과 수동성은 거의 같은 것입니다. 새로운 가능성, 현실이 될 이 불가능한 것을 통해 자신을 붙잡거나, 사로잡히는 것이지요.

**타르비** 어떤 사람들은 오로지 사건에서만 정치적인 진리를 기대하는 것이 일종의 시대에 뒤처진 낭만주의에 속한다고 말하기도 합니다······

**바디우** 내 철학에 대한 그런 시각, 순전히 진리와 사건만을 식별하는 경향이 있는 그런 시각은 그저 맥락을 끊는 것에 불과합니다. 모든 상황에는 이전 사건에 충실한 과정들이 있습니다. 기적적인 사건을 절박하게 기다리는 것과는 아무 관계가 없습니다. 오히려 중요한 것은 과거의 사건에서 끌어낼 수 있었던 것을 끝까지, 포화 상태까지 견지하는 것이고, 그렇게 불가피하게 일어날 것을 주체적으로 수용할 준비를 가능한 한 갖추는 것입니다.[5] 나에게 진리는 노동이고, 사건을 통해 가능해지는 과정입니다. 거기서 사건은 단지 가능성의 창조자와 같을 뿐입니다. 사건이 열어놓은 가능성은 또한 전적으로 시퀀스를 이루는 모든 시간 동안 상황 속에 여전히 있습니다. 그 가능성들은 조금씩 고갈되지만 있는 것입니다.

나는 그렇게 오늘날에도 여전히 스스로를 1968년 5월의 상속자로 간주합니다. 1968년 5월은 먼 과거이고, 망각되었으며, 그 흔적들은 거의 사라졌습니다. 그럼에도 내가 무언가를 하는 한, 또는 행동의 원칙들을 가지고 있는 한, 그 원칙들은 그때 일어났던 것, 더 넓게 말하면, 반-혁명이 명백하게 승리하기 이전인 1970년대 전반에 일어났던 것과 동질적입니다.

**타르비** 만약 사건을 마치 은총처럼 기다리지 말아야 한다면, 우리는 그것을 어떻게 준비할 수 있을까요?

**바디우** '사건에 대비한다'는 것은 새로운 가능성의 인정에 대한 주체적 배치 안에 있다는 것을 의미합니다. 사건은 필연적으로 예측 불가능하고 지배적인 가능성의 법 안에 있지 않기에, 사건에 대비하는 것이란 사건을 맞이할 채비가 되어 있는 것을 말합

5  바디우의 철학은 도래할 사건의 기다림을 전제하지 않는다. 그에게 도래할 구원이란 없다. 오히려 중요한 것은 기존의 사건이 제시한 무한한 가능성에 대한 극한의 탐험이다. 우리에게 사건은 이미 주어져 있으며, 그 사건에 대한 무한한 충실성을 펼쳐내는 것이 필요하다. 그러한 실천의 연속만이 이미 주어진 사건의 가능성을 현실화할 것이고, 진리는 그 가운데서만 인정될 것이다. - 옮긴이

니다. 그것은 상태가 가장 중요한 가능성들, 새로운 진리의 구축으로 열린 가능성들을 규정하지 않는다고 확신하는 것입니다. 사건에 대비하는 것은 세계의 질서, 지배 세력들이 가능성들을 절대적으로 통제하고 있지 않다는 정신 상태에 있는 것입니다.

그러면 어떻게 대비할까요? 두 가지 방식이 있습니다. 우선, 이전 사건에 대한 충실성 안에, 그 사건이 세계에 알려준 교훈에 대한 충실성 안에 있는 것입니다. 그것이 바로 지배 질서가 그 지점 위에서 사력을 다해 싸우는 이유입니다. 지배 질서는 이전의 사건들이 어떤 새로운 가능성도 창조하지 않았다는 것을 보여주고자 애씁니다. 그리하여 모든 사건의 에피소드에 대한 불신이 가해집니다. 지난 30년 동안, 진정 일어났던 것은 아무것도 없고, 더나아가 일어났던 것은 새로운 가능성을 창조하기는커녕, 새로운 공포, 새로운 질서, 새로운 퇴행을 유발시켰다고 말하는 것이 바로 선전의 주된 몫이었습니다. 그러므로 사건에 대비하는 첫 번째 방식은 가능한 한 그러한 선전의 영역에 포위되지 않는 것, 이전 사건들에 대한 충실성을 계속 지탱할 수 있는 것을 찾는 것입니다. 바로 그런 이유에서 나는 정치적 주체가 언제나 두 사건들 사이에 있다고 주장합니다. 정치적 주체는 단지 사건과 상황의 대립에 직면해 있는 것이 전혀 아닙니다. 그는 가깝거나 먼 과거의 사건이 만든 상황 속에 있고, 이전의 사건과 도래할 사건의 둘-사이입니다.

첫 번째 방식과 밀접한 관계가 있는 것으로, 사건에 대비하는 두 번째 방식은 기존 질서에 대한 비판입니다. 기존의 질서가 가능성들의 주인이라고 가정할 때, 문제가 되는 것은 그 가능성들이 우리가 보기에는 불충분하다는 점을 증명하는 것입니다. 이는 고전적인 의미에서의 비판적 작업입니다. 말하자면 우리에게 주어진 가능성들의 체계가 모든 일련의 지점에서 결국은 비인간적이라는 것을 보여주는 것입니다. 그것은 정확한 의미에서 비인간적입니다. 그 체계는 집단적인 것, 즉 살아 있는 인류에게 인류가 가지고 있는 능력에 걸맞은 가능성을 제시하지 않습니다. 비판은 언제나 기존의 질서가 제시하는 그런 가능성들이 집단적인 능력을 진정으로 드러내지 않는다는 것을 보여줄 것입니다. 당연히 그러한 비판은 지적인 실행인 것만은 아닙니다. 과거의 사건들에 대한 충실성은 실천적인 절차들, 조직들, 입장의 표명에, 사태에 대한 기억을 보존하는 투사적 태도에 전념하곤 합니다. 그러한 비판은 가능성들의 불충분한 성격을 사회 그 자체 안에서 실험합니다.

## 사건과 이념

**타르비** 선생님의 생각에 사건에 대한 대비로 제시될 수 있을 새로운 가능성들은 무엇이겠습니까?

**바디우**   조금 멀리서 출발합시다. 나는 규정된 문제에 대해 우리에게 새로운 가능성의 지평을 제시하는 것을 '이념Idée'이라고 부릅니다. 정치에서, 이념은 직접적으로 정치적 실천이 아니고, 강령 또한 아니며, 구체적인 수단들을 통해 실현될 무언가도 아닙니다. 그것은 차라리 가능성, 그 이름으로 우리가 행동하고, 전환시키고, 강령을 설정하는 가능성입니다. 따라서 그것은 '원칙'에 상당히 가까운 것이지만—'원칙의 이름으로 행동하기'— 더 정확한 것입니다. 이념, 진정 그것은 주어진 것과는 다른 가능성이 도래할 수 있다는 확신입니다. 우리는 어떤 가능성의 창조가 문제가 된다고 말했던 그 의미에서의 '사건'이 이념을 창조한다고 아주 적절하게 말할 수 있습니다. 이념은 사건과 결합합니다. 왜냐하면 사건이란 어떤 가능성의 창조이며, 이념이란 그 새로운 가능성의 일반적인 이름이기 때문입니다. 예를 들어, 프랑스대혁명에는 세 가지 큰 이념들, 더 나아가 '프랑스 공화국의 이상들'이라고 명명되곤 하는 이념들, 즉 자유, 평등, 박애가 있었습니다. 볼셰비키 혁명은 권력을 장악한 공산주의를 이념으로 삼았습니다. 그것이 바로 프롤레타리아 국가-당이었죠. 이런 관점에서, 나는 오늘날 공산주의의 이념을 다른 의미로 말하고 있습니다. 말하자면 사회적, 집단적, 정치적인 수준에서의 다른 세계, 어떤 식으로든 사유재산과 이윤에 기초하지 않는 세계가 가능하다는 확신이 행동에 활기를 불어넣을 수 있다는 것입니다.

**타르비** 프랑스혁명의 이상들은 결국 공산주의의 이념과는 매우 다른 것이죠. 이념들은 서로 어떻게 조직될까요? 매우 다르지만, 그럼에도 모두가 정치적 진리들인 사건들이 어떻게 서로 소통하나요?

**바디우** 나는 그 문제를 시퀀스를 통해 사유합니다. 나는 봉기 또는 정치적 혁신의 방향을 지시하는 이념이 변화한다고 생각합니다. 고전 시대, 즉 프랑스대혁명의 성숙기 동안, 주축이 되는 것은 자유의 범주였습니다. 그 범주가 평등과 소유의 규범을 확립합니다. 자유는 긍정됩니다. 하지만 그 자유가 자유로운 소유권, 즉 사적 소유를 포함할 수 있다는 조건에서만 긍정되지요. 다음 순서로, 소유가 평등의 규범을 확립합니다. 평등은 긍정되지만, 필요하다면 자유의 원칙으로 이해되는 것을 문제 삼는 사유재산의 권리들을 문제 삼지 않는다는 조건에서만 긍정됩니다. 그리하여 점진적인 조정이 '형식적 자유'를 낳게 될 것입니다. 그것은 더 이상 절대적 예속, 노예적인 속박에 속하지 않는 법적 근간입니다. 이제 평등이 자유의 원칙을 통해 규범화된다는 의미에서, 더 이상 카스트 또는 형식화된 세습적 불평등, 예를 들어 귀족과 평민의 구별이 없다는 의미에서 말입니다. 왕의 처형을 통해, 그러나 또한 소유권이 신성시된다는 사실을 통해 상징화된 조정이지요. 거기서 우리에게 첫 번째 개괄이 주어집니다.

그러나 아직 안정성을 갖추지 못한 두 번째 개괄이 있습니다. 여기서는 평등이 가장 중요한 개념이 되어, 비로소 자유와 소유의 규범이 확립됩니다. 평등은 자유가 평등을 심하게 훼손해서는 안 된다고 단언하는 의미에서 자유를 규범화합니다. 그리고 소유권은 끔찍한 불평등의 버팀목으로서 규범화될 것입니다. 그것이 사적 소유에 대한 집단적 소유의 우위를 초래하게 될 것입니다.

우리는 사실상 프랑스대혁명이 종결로부터 시작된 정치적 시퀀스, 평등, 자유, 소유권을 둘러싼 합의, 안정되자마자 이미 부인된 합의에서 시작된 정치적 시퀀스 안에 있습니다. 그것은 프랑스대혁명 과격파, 바뵈프Baveuf[6]와 유토피아적 공산주의의 경우입니다. 우리는 첫 번째 시퀀스에서 조정된 정치적 이름을 '민주주의' 또는 '공화국'—이 둘이 같은 것은 아니라 할지라도—이라고 부를 수 있습니다. 두 번째 시퀀스에서 조정된 정치적 이름을 '공산주의'라고 불러야 합니다.

---

6  프랑스대혁명 기의 정치 선동가. 자코뱅의 몰락 이후 테르미도르파를 공격하다가 투옥되었고, 이 기간 동안 토지와 수입의 균등한 분배를 주장하는 평등주의적 사상을 수립하여, 공산주의적 사유의 선구자가 되었다. 이후 직업 혁명가로 활동했다. 나폴레옹 치하에서 반란을 피하여 1793년 헌법으로 돌아가려는 계획을 세우다 체포되어 1796년 단두대에서 처형당했다. —옮긴이

# 공산주의로 가는 길

**타르비**  그래서 선생님은 공산주의자이신가요?

**바디우**  그런 의미에서 말하면 그렇습니다. 평등을 다른 두 가지 규범을 확립하는 열쇠 개념으로 삼는 공산주의적 시퀀스에는 역사가 있습니다. 나의 테제는 우리가 그 역사의 두 가지 단계를 알고 있고, 우리가 그 세 번째 단계에 와 있다는 것입니다. 그리고 문제는 바로 정확하게 우리가 그 세 번째 단계의 시초에 있다는 것, 그리고 결국 그것에 대해 별반 아는 것이 없다는 겁니다! 현대적인 형식 안에서의 공산주의적 이념─실제로 우리는 이미 플라톤에게서 그 이념을 발견합니다─은 19세기에 나타났습니다. 그 이념은 사적 소유의 소멸이라는 양상 속에서 계급투쟁의 역사적인 결과를 의미했습니다. 마르크스의 《공산당 선언》에서, 그것은 공산주의의 중심적 이념입니다. 다시 말해, 사적 소유의 폐지는 소유권과 자유 사이의 역사적 유대에 대한 평등의 승리로 귀착됩니다. 프랑스대혁명은 자유를 '긍정'했지만 그것은 평등이 소유권의 자유에 종속된다는 조건하에서였습니다.

그리하여 마르크스주의의 중심 사상은 공산주의를 생산수단의 소유권 문제를 둘러싸고 실행되는 평등의 이데올로기─현실에서의 계급투쟁을 통한─로 만들어냅니다. 마르크스가 구성해내는 공산주의의 첫 번째 단계에 비추어볼 때, 공산주의는 하나의 역사적 범주입니다. 공산주의는 계급투쟁 끝에 역사적으로 실현될 것의 이념이었기 때문에, 마르크스는 정치를 역사에 종속시켰습니다. 그는 부르주아지와 프롤레타리아 사이의 계급투쟁이, 세습 귀족들과 평민들의 투쟁, 귀족들과 부르주아들의 투쟁 이후, 마지막 투쟁일 것이라고 깊이 확신했습니다. '공산주의'는 그에게 이러한 궁극적인 역사적 대결의 결과가 되었습니다. 더 자세한 부분까지 밀고 나가면, 그것은 결코 과거의 모든 혼란으로부터 해방된 사회에 대한 이상적인 강령이 아니었습니다. 그런 것은 마르크스가 '유토피아적 공산주의'라고 불렀던 것이지요.

사실상 주어진 것은 '유토피아적 공산주의'와 대립하는 '과학적 공산주의', 푸리에Charles Fourier와 대립하는 마르크스라기보다는 오히려 순수한 이상으로서의 공산주의와 대립하는 역사적 공산주의입니다. 마르크스의 주된 생각은 프롤레타리아가 부르주아적 국가 장치를 부수기 위해 충분히 조직화될 때, 공산주의는 상대적으로 짧은 기간에 도래하게 될 것이라는 데 있었습니다. 대규모의 운동이 공산주의를 떠받칠 것이었습니다. 마르크스가 공산당을 전체 노동운동의 단순한 부분으로 정의했다는 점에 주목하는 것은 매우 흥미롭습니다. 그는 분리된 조직을 고려하지 않습니다. 노동운동은 그 내부에 공산주의적 이념을 가진 사람들을, 그 운동이 전체적으로 어디를 향해 가는지 알고 있는 사람들을 포함합니다. 그런 관점에서 볼 때, 파리코뮌이라는 시험대는 결정적일 것입니다. 파리코뮌은 봉기하는 운동이라는 전망이 마르크스가 주제화하지도 않고, 검토하지도 않았던 저항에 부딪힌다는 것을 보여주게 됩니다. 다시 말해, 자본주의의 견고한 방어는 실제 예상보다 명확하게 더 강하고, 제국주의는 노동계급의 타락이라는 전례 없는 수단들을 발전시킬 것입니다.

그래서 우리는 전적으로 조직의 문제에 집중하는 두 번째 단계로 점차 진입하게 됩니다. '공산주의'는 더 이상 해방을 위한 일반적 이념의 이름이 아니라, 효과적으로 그리고 현실적으로 인민 봉기를 승리하게끔 하는 사명을 지닌 특수한 조직들의 목적입니다. 모든 것은 그 조직들의 실효성에 종속됩니다. 그 조직들은 언제나 공산주의적이라고 명명될 것인데, 왜냐하면 그 조직들이 우리가 서술했던 도식―자유와 소유권에 대한 평등의 우위라는 도식―안에 기입되어 있기 때문입니다. 그러나 그 도식들은 무엇보다 도구적입니다. 레닌의 생각은 파리코뮌의 실패라는 유령을 영원히 쫓아내는 것입니다. 권력 장악에 대한 대가로 결국 적들이 완전히 승리하는, 우리의 힘이 절멸되는, 우리의 거리에서 2만의 노동자들이 학살당하는 결과가 다시 있어서는 안 됩니다! 이겨야만 합니다. 두 번째 단계의 중심 범주는 '승리'이고, 그것은 수백만의 사람들을 열광시킬 것입니다. 바로 10월 혁명에서의 승리였죠. 실제로 권력 장악이 일어날 것이었으니까요. 그 후, '공산주의'가 폭넓게 형용사의 형태로, '공산주의 정당', '사회주의 국가', '공산주의적 투사' 등과 같이 표현된다는 것에 주목하는 것은 흥미로운 일입니다.

　그 조직은 결국 물신화되고, 승리에 집착한 나머지 승리의 절대적 도구로서 초월성으로 이끌렸습니다. '당은 언제나 옳다'는 그 시대의 언표를 바꿔보십시오. 당은 역사적 이성입니다. 마르크스에게 역사적 이성은 훨씬 더 넓은 것입니다. 말하자면 공산주의를 떠받쳤던 것은 역사적 운동이었던 반면, 그 이후로 공산주의를 떠받치는 것은 공산주의적 조직인 것입니다. 그러므로 20세기에 공산주의적 기획을 지배하게 될 것은 이념에 대한 극도로 폭력적인 물신화와 국가화étatisation입니다. 그러한 기획은 권력을 장악하는 데 있고, 권력의 형식들과 동일시될 것이었습니다.

**타르비**　스탈린과 마오 사이의 근본적 차이가 드러나는 것이 바로 그 지점 아닌가요?

**바디우**　스탈린은 공산주의적 이념의 절대적으로 국가화된 형식의 고유명, 즉 거대한 사회주의적 독재의 이름입니다. 20세기에는 완전히 국가의 절대 주권의 형상이었던 것 아래에서 공산주의를 표방했던 거대한 사회주의적 독재들이 있었습니다. 직접적으로 이 국가는 그 자체로 당의 산물이었죠. 따라서 고유명에 의해 재현되는, 공산주의의 중심重心인 '당-국가Parti-État가 있었던 것입니다.

　단지 특수한 구성물일 뿐인 당-국가, 또한 마르크스가 공산주의적 이념 속에서 발견했던 역사적 정당성을 갖지 않는 당-국가에 의해 공산주의적 이념이 재현된다는 사실을 어떻게 정당화할까요? [그런 정당화를 위해서는] 이 당-국가가 전체 운동의, 따라서 프롤레타리아의 대표자라고, 따라서 당-국가가 프롤레타리아의 대표자라고 주장해야 했고, 재현에 대한 대단히 형이상학적인 원리를 설정해야 했습니다. 바로 당-국가가 프롤레타리아를 재현한다는 것이었죠. 그것은 마르크스의 생각이 전혀 아니었습니다. 그에게 공산주의자들은 전체 노동운동의 한 분파에 지나지 않았습니다. 이 거대한 독재들을 통해 그 관계는 역전됩니다. 오로지 당-국가만이 있고, 그 외부에 있는 것은 무엇이든 전체 운동의 재현 밖에 있는 것이지요. 마지막으로 당-국가 그 자체가 재현되어야만 합니다. 당-국가의 열쇠는 재현이기 때문입니다. 따라서 스탈린이라는 고유명이 당-국가를 재현합니다. 왜냐하면 절대적인 최상의 일자—者, l'Un에, 왕정에서와 같이 몸의 일자에 도달해야 하기 때문입니다. 스탈린은 이 과정의 이름입니다.

마오는 완전히 다릅니다. 그를 스탈린과 동일시하는 것은 중대한 잘못입니다. 마오는 적합하지 않은 것이 바로 당-국가라는 것을 완벽하게 이해했습니다. 당-국가가 진정한 평등을 조직하는 데 무능하다는 것이 드러나기 때문입니다. 당-국가는 승리했지만, 그 승리를 통해 더 앞으로 나아가는 데 주된 장애물이 됩니다. "공산주의적 운동 없이, 공산주의는 없다"고 단언할 때, 마오는 어떤 의미에서 마르크스의 발상으로 되돌아갑니다. 공산주는 운동일 뿐, 국가일 수 없습니다. '공산주의 국가'란 사실 어법상의 모순이며, 터무니없는 말입니다. 따라서 마오는 그가 할 수 있는 만큼 조치를 취했고, 운동에 다시 활력을 주고자 시도했습니다. 그러나 무엇에 맞서 그리 했을까요? 국가에 맞서서, 그리고 따라서 공산당 그 자체에 맞서서 그리 한 것입니다. 그것이 바로 문화대혁명입니다. 국가에 맞서 뛰어든 학생 대중, 노동자 대중의 혁명으로, 무정부 상태와 파괴로 복잡하게 뒤얽힌 상황을 창조하고, 수많은 분파가 나타나게 하여, 결국 군대의 개입을 유발하는 것입니다. 마오는 자신을 있게 했던 것의 본질을 비난했습니다. 즉, 당-국가에 의해 운동의 재현이 이루어진다는 생각을 비난한 것이죠. 그런데, 그것과는 다른 생각을 갖지 않은 채 당-국가에 맞서 운동을 다시 시작할 때, 놀라운 무정부 상태가 만들어집니다! 최소한 마오는 공산주의의 문제가 운동의 국가적 재현의 문제일 수 없다는 것을 알고 있었습니다.

문화혁명과 그 실패는 두 번째 단계의 종결입니다. 스탈린 치하에서 당-국가는 통치의 독점적 수단으로서 공포로 귀결되었다는 것이 드러날 뿐 아니라, 대중의 자발적 운동에 솔직히 호소함으로써 그 상황을 바로잡을 수 없다는 것 또한 드러납니다. 당이나 운동과 같은 불분명한 기표와 마찬가지로, 마오라는 기표는 그 모든 것 위에 떠돌았지만, 그래도 역시 총체적인 혼돈을 창조했습니다. 그것은 기이한 에피소드―각자가 마오에 준거하고, 붉은 깃발에 맞서 붉은 깃발을 흔들 수 있었던―이고, 이 시기를 완전히 닫아버립니다. 우리는 당-국가를 통한 재현에 그쳐서는 안 됩니다.

**타르비** 오늘날의 집단적 상상계에서 마오라는 형상보다 더 무시무시한 것은 없는 듯합니다. 거기서 그는 역사상 가장 큰 범죄자들 중 하나겠죠.

**바디우** 20세기의 혁명적 정치는 결코 민주주의적일 것, 자유를 존중할 것 등을 주장하지 않았습니다. 그것은 그 정치의 규범이 아니었죠. 그 정치는 역사상 처음으로, 자유나 소유라는 항목과 그 사이의 내밀한 유대가 대중의 힘에 의해 지지된 평등의 규범에 종속된다는 것을 받아들였습니다. 그러한 정치는 명백하게 독재로 나타납니다. '프롤레타리아의 독재'가 그것이었죠. 그 정치는 폭력을 자신의 행동 수단들 중 하나로, 승리의 조건들 중 하나로 지칭했습니다. 이러한 등재는 새로운 세계를 창조하는 것이 중요하다는 사실에 기초하고, 그 사실에 담보된 그 고유한 정합성을 드러내는 것입니다. 우리는 모든 수단을 동원하여 새로운 세계를 낳게 한다는 관점 속에 있습니다. 행동의 일반적 규범들의 관점에서 그것을 오늘날의 프랑스[의 체제]와 같은 부차적이고 평온한 세력의 의회적 체제와 비교한다는 것은 터무니없는 일입니다. 마오가 말했듯이, 혁명이란 경축 파티가 아닙니다.

동시에 우리에게는 인간의 힘을 아껴야만 한다는 점을 상기시키는 수많은 마오의 텍스트들이 있습니다. 스탈린과는 정반대로 말이죠. 많은 이야기들이 그가 졸병들과 함께 행동했던 방식—특히 대장정la Longeu Marche의 와중에—을 증언합니다. 예를 들어, 그는 발언할 의무를, 모든 쓰러진 이들(요리사건 졸병이건)을 기리는 의식을 조직할 의무를 부과합니다. 쉬지 않고 전쟁을 했던 마오는 혁명에 대한 호전적인 의식을 가지고 있었지만, 또한 그는 누구나 그 자체로 존중받기를 바랍니다. 그는 그가 '인민들 사이의 모순을 해결하는 방법'이라고 부르는 것에 지대한 관심을 기울입니다. 즉, 사람들과의 관계, 사람들 사이의 관계, 회합, 대중 권력에 대해서 말입니다.

마오의 형상이 '무시무시'하다고 생각하는 것, 그것은 특히나 잘못된 형용사를 사용하는 것입니다. 마오의 형상은 대중적인 순박함, 유머를 지니고 있습니다. 그는 스탈린이 아닙니다. 그는 개방적이고 쾌활한 인물입니다. 사람들은 심지어 그의 취향마저도 농담거리로 비웃습니다. 사람들은 오늘날 마오의 이미지를 반-혁명의 절차들에 완전히 부합하는 것으로 가공합니다. 그의 이미지는 로베스피에르를 조작하는 방식에 점점 더 가까워집니다. 병적이고, 냉담하고, 폐쇄적인 이미지죠. 실제 반-혁명적인 문헌 중에는 책 전체가 전적으로 혁명가들의 초상에 대해 쓰인 것도 있습니다. 로베스피에르, 스탈린, 마오, 레닌까지도 믹서에 넣어 돌려버립니다. 마르크스까지도 믹서에 돌려버리고 싶어하는 사람들마저 있습니다. 그는 공인된 흡혈귀가 아니었음에도 말입니다.

하녀와 잠자리를 했다고 그를 비난하는 책들도 있었습니다! 결국 반-혁명적 선전은 자기 할 일을 하는 것이죠. 그리고 그런 선전에서 중요한 점은 결정적으로 혁명가들의 에피소드와 거기에 연루된 고유명을 폄훼하는 것입니다. 그렇지만, 폭력을 동원해 노동자 파업을 무력화시킨 인물인 클레망소Clemenceau[7]같이 보수파에 속하는 '공화주의적인' 인물조차, 결국 대혁명은 한 덩어리라고, 승인된 반-혁명분자들이 옳다고 인정하지 않고는 당통은 선인이고 로베스피에르는 악인이라고 말할 수 없다고 이야기하고 맙니다. 공산주의의 경험 역시 한 덩어리입니다. 그것은 그 경험이 모두 좋았다는 것을 의미하는 것이 아니라, 단지 그 시대를 떠맡아야 한다는 것을 의미합니다. 그 시대를 떠맡지 않는 것은 반대파의 선전을 받아들이는 것입니다.

**타르비** 그러니까 그 시대를, 과거를 떠맡도록 하죠. 그럴 때, 공산주의에게 어떤 미래가 있을까요?

**바디우** 우리는 선택 앞에 놓여 있습니다. 공산주의라는 범주를 포기하거나, 세 번째 단계로 들어가거나. 그것은 명백한 선택입니다. 그 선택은 공산주의의 범주를, 정치적 과정들과 그 범주 사이의 관계들을 개정하고, 재가공하는 것을 전제합니다. 그것은

7  제3공화정 당시의 프랑스 공화주의자. 제1차 세계대전 당시의 프랑스 수상. ―옮긴이

근본적인 선택입니다. 나의 선택은 두 번째에 있습니다. 공산주의의 세 번째 단계라는 선택지를 고르는 것이죠. 나는 사람들이 합의 안에서 완전히 길을 잃고 헤매면서도 어떻게 공산주의의 이념을 포기해야 한다고 말할 수 있는지 모르겠습니다. 이 합의의 이름은 '민주주의'입니다. 사람들은 참아볼 수 있고, '진짜' 민주주의를 '가짜' 민주주의에 대립시켜볼 수도 있습니다. 그러나 나는 그것이 무력한 입장이라고 생각합니다. 우리는 여전히 프랑스혁명을 통해 열린 시퀀스 안에 있다고, 공산주의 이념의 두 단계가 있었다고, 다시 말해 마르크스에 의해 예증된 19세기의 단계와 공산당의 단계가 있었다고 다시 말해야 합니다. 우리는 그 두 단계의 결산에 착수할 수 있습니다. 그 결산은 적들의 몫이 아니라, 우리의 몫입니다. 그러나 우리는 그 너머로 나아가야만 한다는 것을 알고 있습니다. 만약 틀림없이 일어날 정치적 사건들에 대비하고자 한다면, 어쨌든 '공산주의'라는 말에 충실한 것이 더 효과적이고 더욱더 희망찬 것일 테죠. 실제로 어떤 말들은 합의에 합체됨으로써 정말 타락했습니다. '공산주의'라는 말의 유일하게 가능한 라이벌은 실제로 '민주주의'라는 말입니다. 민주주의요? 필경 그 말은 언젠가 구원받을 것입니다. 그러나 그 말이 구원받는 것은 공산주의에서 민주주의로 나아가면서이지, 그 반대는 아닐 것입니다.

# 사르코지, 이스라엘, 유럽

**타르비**  선생님께서는 사르코지Nicolas Sarkozy의 '야만'을 비난하고 있습니다. 그러니까 정확히 말하면 마오의 야만이 있는 것이 아니라, 사르코지의 야만이 있는 것이죠. 만약 이 명제가 선생님의 것이라면, 그것은 여러 사람을 충격에 빠뜨릴 것입니다.

**바디우**  그건 다른 문제지만, 사르코지에 대해 말하면, 그에게 적용해야 하는 기준들은 무엇보다 사르코지 자신이 내세우고자 하는 기준들입니다. 여기서 사람들은 합의 안에, 즉 자본주의와 의회민주주의를 둘러싼 합의 안에 있습니다. 그것은 본질적으로 평화롭고 윤리적이며, 정의와 공적 도덕성의 유일하게 가능한 모델이라고 스스로 주장하는 사회입니다. 그런데, 나는 사르코지가 그 자신이 내세우는 규범들의 모델이 전혀 아니라고 주장합니다. 만일 그가 세계를 전복시키고, 과거의 봉건적 계급을 뒤집으며, 사회주의적 경제를 창조할 것을 주장하는 위대한 혁명가로 자신을 드러냈다면, 나는 내가 그에게 적용하는 기준들을 그에게 적용하지 않았을 것입니다.

내가 바로《윤리학 L'éthique》[8]이라는 제목의 책에서 주장하는 것처럼, 일반적인 윤리는 없습니다. 독보적이고 신적인 윤리, 즉 어떤 신의 십계명에 해당하는 윤리란 없습니다. 있는 것은 과정의 윤리들입니다. 상황들이 있고, 진리들이 있습니다. 그 이름을 통해 개입이 이루어지는 규범들과 원리들은 그 상황들 안에 있습니다. 마치 상황들을 고려할 필요가 없는 공통적이고, 보편적인 윤리적 공간이 그들 사이에 있기라도 한 것처럼, 마오와 사르코지를 비교하는 것은 터무니없는 짓이고, 잉어와 토끼를 곧바로 비교하는 것과 같습니다. 나는 그것을 받아들이지 않습니다.

나는 글자 그대로 사르코지를 의회적 체제 내에서 선출된 대통령으로 간주합니다. 나는 자문합니다. '그가 우리에게 무엇을 예고하는가?' '그가 나에게 바라는 것은 무엇인가?' 만일 마오가 혁명의 병사가 되도록 나를 불렀다면, 나는 생각해보겠죠…… 그러나 사르코지의 부름에 대해 생각하고 싶지는 않습니다. 그리고 틀림없이 사르코지의 야만은 있습니다. 그 야만이 지금은 사람들을 총살시키는 데 있는 것은 아닙니다. 그러나 그것은 많은 사람들을 학대하고, 참을 수 없는 멸시의 형식들을 확장시킵니다. 나는 실제 경험을 통해 오늘날 청년 대중이 어떻게 대접받는지, 아프리카 출신 노동자들이 어떻게 대접받는지 알고 있습니다. 나는 거의 말해지지 않는, 반만 말해지는, 잘못 말해지는 그 현실을 잘 알고 있습니다. 나는 또한 사르코지가 지식인들, 학문, 예술에 대해, 그리고 광인들, 경범죄를 저지른 사람들 또는 '도착자들'에 대

---

8  *L'ethique*, Hatier, Paris, 1993, 재판: Nous, Caen, 2003(번역본,《윤리학》, 이종영 옮김, 동문선, 2001).

해 어떻게 말하는지 알고 있습니다. 있는 그대로의 세계에서 이 모든 것은 야만적입니다. 이 말을 철회할 이유가 없습니다.

**타르비** 부에노스아이레스에서 열린 한 강연에서, 선생님은 스스로를 프랑스/독일 합병의 신봉자라고 선언하셨습니다.[9] 선생님은 정치철학의 새로운 장르, 픽션-정치를 창안하신 것인가요?

**바디우** 그것은 현재의 유럽연합의 건설에 반대하는 나의 국가에 대한 반-명제입니다. 유럽연합의 건설은 여기저기서 긁어모은 집합을 만들고자 하는 의지 때문에 좌초되는데, 그 유일한 합체의 원칙은 실제로 오늘날의 자본주의적 법칙일 겁니다. 브뤼셀이 그 자본주의의 긴급한 요구를 실행하는 힘입니다. 정치적 견제는 불충분합니다. 유럽의 역사를 고려할 때, 중국, 현재의 침체에서 마침내 벗어날 새로운 러시아, 또는 브라질과 같은 떠오르는 초강대국들에 비견되는 유럽 세력을 창조하고자 하는 시도 외의 다른 견제를 나는 보지 못합니다. 평균적인 세력들의 집단에 불과

---

9 이 강연문은 계속 출판되고 있는 연작물인 《정황들》의 제2권(*Circonstances, 2, Lignes, Léo Sheer*, 2004)에 수록되어 있다. 바디우는 2003년부터 지금까지 계속 현실의 여러 문제에 개입하는 이 연작물을 써왔다. 이 연작에서 바디우는 9·11, 프랑스 대선, 이라크 전쟁, 차도르 금지법, '유대인'이라는 말, 사르코지 대통령, 공산주의, 재스민 혁명 등의 주제를 다루고 있다. 언뜻 보면 시사적인 논평인 것 같지만, 그 안에서 우리는 바디우가 펼쳐내는 정치적 사유의 정수를 구체적으로 볼 수 있다. 내가 아는 한, 이 연작을 번역하고자 하는 출판사가 한국에 없다는 것은 무척 안타까운 사실이다. - 옮긴이

한 이상, 유럽은 총체적으로 무력한 세력으로 남아 있을 것인데, 그 세력들의 유일하게 공통적인 관심사는 세계화된 자본주의의 발전입니다. 필요한 것은 정치적 창안입니다!

역사적, 철학적, 정신적인 이유로, 가장 현실적일 뿐만 아니라, 가장 흥미로운 가능성은 프랑스와 독일을 통해 단일한 국가적 공간을 창조하는 것입니다. 유럽에서 그 두 나라의 대조는 언제나 핵심적인 것이었습니다. 독일의 진보주의자들은 언제나 프랑스를 바라보고 있었습니다. 미학적인 또는 철학적인 깊이에 관심을 가지는 프랑스인들도 언제나 독일을 바라보고 있었습니다. 그 합병, 즉 유일한 권력 공간의 창조는 따라서 대단히 생산적일 것입니다. 그것을 통해 세계 정세는 변화할 것입니다. 프랑스+독일, 그것은 거대한 힘이 될 것입니다.

나는 그것이 도발적인 생각이라는 것을 인정합니다. 어떤 이들은 기발하다고 말하겠죠. 그러나 이런 생각은 긴 역사를 가지고 있고, 여기에는 부르주아 정치도 포함됩니다. 나머지 유럽 국가들에 아랑곳하지 않은 채, 드골Charles De Gaulle은 아데나워Konrad Adenauer가 그의 파트너라고 생각했습니다. 미테랑François Mitterrand과 콜Helmut Kohl도 어느 정도 마찬가지였습니다. 사르코지와 앙겔라 메르켈Angela Merkel조차 위기에 대처하기 위해 모범을 보였습니다. 이라크 전쟁 참전에 대한 시라크Jacques Chirac와 슈뢰더Gerhard Schroder의 공통된 거부 역시 있었습니다. 그것이 특권화된 협력의 역사를 보여줍니다.

그런 이유에서 프랑스와 독일을 동시에 그리고 단번에 해소한다는 생각은 그럼에도 상당히 흥미로운 생각입니다. 이 두 나라는 기력이 떨어졌습니다. 프랑스는 거대 제국 세력이었지만 지금은 부차적인 세력입니다. 그리고 독일은 자신이 무엇인지 전혀 알지 못해 결국 무시무시한 모험에서 자신의 정체성을 찾고자 노력했던 나라입니다. 그리하여 우리는 독일이 이 정체성의 문제에서 벗어나도록 하는 동시에 프랑스가 더 이상 어울리지 않는 거만함에서 벗어나도록 할 수 있을 것입니다. 이 독일-프랑스 또는 프랑스-독일은 세계에서 절대적으로 새로운 형상의 돌발일 것입니다.

**타르비** 《'유대인'이라는 말의 범위들Portées du mot 'juif'》[10]이라는 선생님의 책이 출간된 후, 언론이나 대학의 여러 인사들에 의해 제기된 논쟁에 불이 붙었습니다. 그 이야기들을 믿는다면, 선생님은 '반유대주의자' 알랭 바디우입니다.

**바디우** 그 책은 내가 20년 동안 써왔던 텍스트들의 모음집입니다. 그것은 전혀 새로운 입장이 아니었던 것이죠. 나의 의도는 이스라엘-팔레스타인의 갈등에 대해 말하는 것이 아니라 프랑스 내부의 이데올로기적 논쟁 속에서 이 문제, 특히 홀로코스

---

10    *Circonstances*, 3, avec Cécile Winter, Lignes, Léo Sheer, 2005.

트l'Holocauste — 또는 쇼아Shoah — 에 부여된 이데올로기적 역할에 대해 말하는 것이었습니다. 문제가 되었던 것은 우선 정치의 도덕화로 귀착되는 관점을, 그리고 미국에 대한 상당한 의존이 갖는 합법성을 회복시키는 보조적인 이점을 갖는 정치의 총체적인 재-서구화로 귀착되는 관점을 검토하는 것이었습니다. 그 모든 것이 우리가 목도하는 것에 대한 고발로 수렴되었습니다. 말하자면 '유대인'이라는 말의 총체적인 도구화에 대한 고발로 말입니다. 많은 유대인들이 그 도구화를 받아들입니다. 그들은 틀렸습니다. 그것은 그들에게도, 다른 누구에게도 좋지 않습니다.

그래서 나는 이런 질문을 제기하고 싶었습니다. "어떤 이유로 [유대인이라는] 그 이름은, 특히 프랑스 지식인들에게, 그리고 특히 극좌파 또는 마오주의의 지평에 있던 사람들에게, 모든 해방의 정치의 반대편이라 여겨지던 것으로의 복귀, 다시 말해 정체성의 문제로의 복귀를 가져오는가?" 바로 그것이 문제입니다. 말하자면 사람들이 해방에 속한 것이라 믿어왔던 정치의 장 속으로 정체성의 문제가 복귀한다는 것이지요. 그런데 해방의 정치는 정체성의 문제를 넘어서고자 시도합니다. 반면에 반동적인 정치, 특히 파시스트 정치는 언제나 강력하게 정체성을 중심으로 합니다. 하지만 내 생각에 해방의 정치는 보편주의적인 것입니다!

혁명의 장에 있던 사람들에게, 정체성으로의 복귀는 '유대인'이라는 말을 인도자로 삼는데, 이는 오늘날 우리에게 파국적인 결과를 야기한 이슬람 혐오증을 만들었습니다. 바로 그것이 정체성의 옹호가 가져온 부정적인 결과인 것이죠. 나는 아주 가까운 친구들에게서조차 단지 반동적일 뿐 아니라 기괴하기도 한 '문명의 전쟁'이라는 주제가 펼쳐지는 것을 보았습니다. 몇몇 잘 알려진 미디어 사상가에게 유대적 또는 프랑스적 정체성의 사유는 아랍적 정체성에 대항하여 내걸린 것이었습니다. 마치 거기에 오늘날 주된 논쟁이 있기라도 한 듯이 말입니다! 정체성들 속에서 길을 잃을 때, 정치는 패배합니다. 그것은 오로지 전쟁, 내전 그리고 공포만을 예비할 뿐입니다.

나는 항상 '유대인'이라는 말이 정체성들의 내부에서 보편주의와 가장 가깝게 연결된 것이라고 생각해왔습니다. 나는 언제나 나의 유대인 친구들과 함께 그 말을 그렇게 이해했습니다. 혁명 운동에 참여했던 모든 유대인들을 생각하기만 하면 됩니다. 전적으로 유대인으로서 책임을 떠맡았던 그들에게, '유대인'은 보편주의에 그 이름들을 투영함으로써 공동체적인 또는 민족적인 정체성을 어긋나게 했던 이름들 중 하나였습니다. 그래서 나는 '유대인'이라는 말이 반대 의미로 갑작스럽게 뒤집히는 것을 보고, 즉 정체성을 향하여 그리고 정체성 국가―자칭 '유대인 국가'―를 옹호하는 것으로 뒤집히는 것을 보고 깜짝 놀랐던 것입니다. 프랑스에서 페탱Henri Philippe Benoni Omer Joseph Petain은 부역과 총체적인 억압을 통해 '프랑스 국가'라는 유령을 만들었습니다. 오늘날 그러한 형용사를 동반하는 국가는 어떤 것이라도 수용할 수 없습니다.

**타르비**  유대적 정체성 문제로의 회귀는 이스라엘-팔레스타인 문제의 단순한 효과가 아닐까요?

**바디우**  내 관점은 이스라엘-팔레스타인 문제가 신-식민주의néocolonialisme의 용어로 제기되어서는 안 된다는 것입니다. 내 이스라엘인 친구들 중 대다수의 관점과 일치하는 나의 관점은 명시적으로 이스라엘 정부가 내세우는 테제("팔레스타인 사람들에 대해 말하는 것을 더 적게 들을수록 좋다")도, 좌파 내에서 합의된 '두 국가 테제'도 그 누구를 위한 것이든 미래를 그려내지 못한다는 것입니다. 게다가 '두 국가 테제'는 점점 더 실현 가능성을 잃어가고 있고, 모두가 그것을 알고 있습니다. 평화적이고 보편주의적인 논리는 유대인과 아랍인이 공존하는 '두 민족으로 이루어진 국가Etat binational'[11]라는 논리입니다. 더구나 그들은 이미 널리 함께 살아가고 있습니다. 우리에게 여러 이야기를 할 필요가 없습니다. 그들은 평화롭게 살아갈 수 있기 위해 장벽을 요구하는 끔찍한 정체성을 통해 분리되어 있지 않습니다. 그들은 스위스에서 보Vaud 주州의 개신교도들과 발레Valais 주州의 가톨릭교도들이 서로 가까운 것보다 훨씬 더 서로 가깝습니다. 그런데 스위스는 유럽에서 가장 오래된 국가 중 하나지요……

　나는 사실상 그 문제에 대해서는 온건파입니다. 물론, 유대인

---

11　따옴표는 옮긴이가 추가한 것이다. ─옮긴이

들은 팔레스타인에서 살고 있고, 앞으로도 거기에 머무를 것입니다. 상황을 더 망가뜨리는 데 가담하는 하마스가 상당 부분 그러하듯 유대인들에 반대하여 이슬람주의적 이데올로기를 내거는 것은 문제가 아닙니다. 나는 양 국민이 만들어내는 공통적인 공간의 창조를 지지하며, 창안된 국가라는 방책을 지지합니다. 나는 줄곧 이스라엘에 위대한 정치인이, 진정한 통찰력 있는 인물이 있었다면, 아라파트를 그의 정부로 불러야 했다고 생각했습니다. 더욱이 우리가 남아프리카공화국에서 목격했던 일은 다소간 그런 것이었죠.

　내가 반유대주의자라는 주장에 따라, 불행히도 《현대Les Temps Modernes》지를 중심으로 하는 패거리들이 나를 상대로 내가 반유대주의자라는 내용의 반대운동을 펼쳤다는 사실은 엄청나게 불쾌한 일이라는 것을 고백하지 않을 수 없습니다. 하지만 나는 그 비열한 공격의 이유를 잘 알고 있습니다. 사람들이 그 말에서 기대할 수 있는 것처럼, 그들에게 '반유대주의자'는 유대인들에 반대하는 사람이 아니라, '유대인'이라는 말을 정확하게 그들처럼 사용하지 않는 사람을 뜻하는 것입니다. 문제의 패거리들에게는 그 말의 소유자가 되는 것 이외의 다른 목적이 없습니다. 그들에게, '유대인'은 단지 쇼아로 인해 절대적인 존중의 권리를 가지며 이스라엘 국가의 기초가 되는 것으로 인정되어야 하는 정체성뿐일 수 있고, 그것이 결국 이 국가에 대한 무조건적인 지지를 끌어내는 것입니다. 그런 모든 것에 동의하지 않는 사람은 누구라도 반유대주의자입니다. 나는 첫째로 '유대인'이라는 말과 보편주의 사이의 역사적 연관—그 혁명적 형식 아래에의 연관을 포함하여—이 중요하며, 둘째로 유럽 유대인들의 학살의 열쇠는 유대적 정체성이 아니라, 현대 자본주의라는 조건하에서, 유럽에서 나타나고 펼쳐진 범죄적 정치, 즉 나치즘 내부에서의 '유대인'이라는 말의 사용 속에 있다고 지적하면서 이러한 금기를 깨트리고자 했습니다. 강력하게 정체성을 중심으로 하는 정치는 바로 그 정치인 것입니다! 나는 나를 반유대주의자로 취급했던 자들의 집중포화 아래로 나아가는 위험을 감수했습니다. 그러나 나는 공격에 공격으로 맞섭니다. 마오주의자로 취급되는 것은 상관없습니다. 그것은 그 말이 무엇을 의미하는지 모르는 사람들의 말입니다. 그러나 반유대주의자로 취급받는 것, 나는 그것을 용인하지 않습니다.

**타르비** 이 유대적 정체성의 문제를 통하여, 우리는 아마도 종교적인 문제와 만나는 듯합니다. 어떤 사람들은 오늘날의 정치 분석에서 이 문제에 최상의 중요성을 부여합니다. 무엇보다도 이슬람이 표적이 되는 것은 사실입니다. 예술에 대한 레닌의 언급이 떠오릅니다. 정치적으로 무기력한 시대에, 예술은 기껏해야 신비주의와 포르노그래피의 조합물이라는 것이죠. 이것이 일반화될 수 있을까요? 우리 시대는 신비주의와 포르노그래피 사이에서 동요하는 것일까요?

**바디우** 종교들에 대한 나의 테제는 요즘의 지배적인 테제와 전혀 다릅니다. 오늘날 지배적인 테제는 종교적인 문제가 다시 매우 중요한 문제가 되었다는 것입니다. 말하자면 우리는 엄청난 종교적 분쟁의 시대로, 문명들의 전쟁의 시대로 되돌아왔다는 것이지요. 나는 그 문제에 대해서는 엄격한 니체주의자입니다. 나는 정말 신이 죽었다고 생각합니다. 신이 죽었다면, 죽은 것이지요. 그것을 심각하게 받아들여야 합니다. 따라서 '종교의 복귀'란 다른 것의 가면이라고 나는 절대적으로 확신합니다. 종교는 사실상 정치적 붕괴의 가면입니다. 그것은 종교가 살아 있음을 의미하는 것이 아닙니다. 어떤 의미에서, 모든 가면은 데드 마스크un masque mortuaire입니다.

종교의 이름을 사칭하여 그리고 죽은 신으로 분장하여 실존하는 것은 전통입니다. 이슬람주의자들은 신의 새로운 비전을 제시하지 않습니다. 그들은 여성들의 복장, 복고, 전통적인 법을 말합니다. 그 모든 것을 코카콜라, 짧은 치마 등과 대립시키면서 말입니다. 그 안에 종교가 어디에 있습니까? 그것은 오로지 전통일 뿐인데, 그러한 전통은 농촌의 종교, 지방의 마을, 고향을 떠나 빈곤해진 사람들의 주변부에서 유지되는 것입니다. 미국의 신보수주의자들néoconservateurs(네오콘)이 문제가 되건, 이슬람 근본주의자들이 문제가 되건, 이 전통은 극도로 반동적인 소수 핵심적 지식인들, 게다가 어떠한 원칙도 없는 지식인들을 통해 체계화된 전통입니다. 경직되고 그 자체로 몰락한 전통에 맞서, '자유'와 '민주주의'라는 빼앗긴 것이나 다름없는 이름 아래 강경해진 전통에 맞서, 우리에게는 정확히 무엇이 있을까요? 글쎄요. 괜찮다면, 포르노그래피가 있겠죠. 결국, 사람들이 종교들 사이의 전쟁이라고 주장하는 것은 전통과 포르노그래피 사이에서 벌어지는 정말이지 초라한 싸움입니다.

나는 소위 서구와 이슬람 사이의 대결, 즉 서구와 테러리즘적 야만 사이의 대결 — 어떤 의미에서는 부당하게 일컬어지는 것이지만, 다른 의미에서는 상당히 현실적인 — 이 실제로 오늘날 모든 인간적 실존 내부에 속한 것이라고 생각합니다. 그것은 전통과 상품 사이의 대결입니다. 그런 것은 둘 사이의 간섭을 막지 않습니다. 우리는 전통을 도구화하는 사람들의 일부가 상품의 세계 내에 아주 잘 자리 잡고 있다는 것을 알고 있습니다. 우리로 하여금 사우디아라비아의 밀매꾼들이 신비주의자들이며 경건함의 모델들이라는 것을 믿게 하지 않는 것이죠. 그들은 모든 이들과 마찬가지로 장사를 하는 사람들이고, 자기 장사를 하면서 그들의 지위를 강화하기 위해 전통을 도구화하는 사람들입니다. 그 안에서 신은 전적으로 시체 같습니다. 신은 죽은 것보다 더 죽어 있는 것입니다!

종교의 문제에 계속 매달리는 사람들은 완전히 공상적인fantomatique 것에 매달리는 것입니다. 상황은 그보다 훨씬 더 심각합니다. 비록 그것이 단지 세속성과 종교 사이의 분쟁이었다 하더라도 말입니다! 그들은 마치 1890년대에 사는 것처럼, 세계가 자유사상가들과 사제들 사이의 격렬한 싸움에 몰두하고 있는 것처럼 행동합니다. 그러한 시각의 낡아빠진 성격은 절대적으로 어처구니없는 것입니다. 여성들이 머리카락을 가리는 차도르를 써야 하는가 말아야 하는가를 결정하는 것이 이 시대의 역사적 투쟁이라고 생각하는 사람들이 있고, 유럽의 마을에서 미나레츠minarets(이슬람 사원의 탑)를 짓는 것을 두고 기꺼이 '반대'에 투표하는 사람들이 있습니다! 옛말처럼, 그것은 '목마에 발길질을 하며 굴러다닐 정도'[12]입니다! 이러한 관습과 반反관습에 관련된 모든 문제는 어떠한 이념과도 관계없는 것들에 의해 완전히 코드화되어 있습니다. 혹자는 내게 이렇게 말합니다. "공화주의적 계약을 생각하라! 집단적인 공존 가운데 제 얼굴을 드러내야 한다……" 하지만 그것은 정말 웃긴 말입니다! 나는 개인적으로 우리를 지배하는 그 모든 더러운 자들에게 내 얼굴을 보여줄 생각이 없다고 대답하고픈 마음입니다. 적어도 영국인들은 치안을 이유로 하여 부르카를 거부하는데, 이는 결국 더 솔직한 것입니다. 부르카는 폭탄을 소지한 사람의 변장 수단이 될 수 있기 때문입니다! 그러나 그것을 문명의 문제로 삼고, 오늘날의 커다란 참극으로 삼을 때, 우리는 웃음거리가 됩니다. 팔레스타인의 상황에 대해 생각할 때, 이란에 대한 전쟁 준비와 아프가니스탄 점령에 대해 생각할 때, 금융위기가 낳은 수백만의 실직자들, 공공서비

---

12  몹시 실망하여 격앙된 상태를 말한다. - 옮긴이

스의 붕괴, 외국에서 들어온 노동자 가족들을 억압하는 악법, 오스트리아 지방 군청의 국수주의와 인종주의가 유럽 도처에서 대두되는 것에 대해 생각할 때, 우리 '문명'의 죽음을 부르짖는 이슬람 혐오론자들을 볼 때, 세계에는 공산주의라는 아주 좋은 주사가 심각하게 필요하다는 생각이 듭니다.

**타르비** 그래서 저는 스스로가 유물론이라는 비종교적인 전통에 속한다고 주장하고, 소위 이슬람식 차도르 금지에 반대하는 선생님의 입장을 더 잘 이해하게 됩니다.

**바디우** 사실상 나는 그런 종류의 결정, 여론의 현상에 대한 하찮은 조작에 속하는 그런 결정에 절대적으로 반대합니다. 상상적인 적을 지정하는 것이죠. 오늘날 적이 있다면, 그것은 현실의 권력을 가진 자, 즉 자본주의적 권력을 가진 자입니다. 다른 적이란 없습니다. 나는 우리에게 그 적이 종교적인 것이라고, 여성들의 머리카락과 얼굴을 가리는 차도르라고 믿도록 하는 모든 시도에 반대합니다. 그것은 교란과 소외라는 절대적으로 명백한 조작입니다. 그런 조작은 우리로 하여금 실제적인 적과의 대면을 비껴가게 합니다. 전통과 상품의 대립 속에서 전통이 적이라고 믿게 하는 것, 그것은 단지 상품에 동조하는 것일 뿐입니다. 방탕과 전통 사이의 구조적인 분쟁이 있을 뿐, 거기에 인간 해방에 관련한 어떤 정치적 경로를 조직할 수단이 하나도 없다는 것을 우리는 아주 잘 알고 있습니다. 따라서 오늘날에는 존재하지 않는 문제들로 구경꾼들을 즐겁게 할 명백하고 진저리나는 수법이 있는 것입니다. 우리는 정치의 위기, 내가 앞서 정의했던 의미에서의 이념의 위기를 겪고 있습니다. 실제적인 적들과 마주하여, 슬프게도 우리의 무력함은 상상적인 적들이라는 함정에 빠지지 않기에는 이미 아주 큽니다.

**타르비** 우리 시대에 다른 속임수가 있을까요?

**바디우** 우리끼리 이야기지만, 나는 생태주의écologie에 대해서도 조금은 같은 생각입니다. 그것은 아주 강력한 이데올로기입니다. 나는 언젠가 그 문제에 때해 쓸 생각이 있습니다. 그것은 나를 추가적으로 곤경에 처하게 할 이야기입니다. 그렇지만 지구를 구하기 위해 모두가 단결한다는 생각은 아주 조야합니다. 그것은 정확하게 20세기 초의 민족주의와 동일한 입장을 견지하는 것입니다. 그때도 역시 "모두 단결하자!", "독일 놈들에 맞서서, 우리의 계급적 차이를 넘어, 모두 단결하자!"라는 구호가 있었습니다. 그것은 아주 간단했고, 주된 적이 내부에 있다고 인정하는 것을 피해 갔습니다. 놀랍게도 비슷하지요. "그래, 물론, 못사는 나라와 잘사는 나라, 부르주아와 프롤레타리아라는 큰 불일치가 있지…… 하지만 기후 온난화 앞에서 모두 단결해!" 브레히트라면, 사람들이 무리를 지어 "지구를 구하자! 지구를 구하자!"라고 우는 소리를 내는 반면, 증권 투자자들이 부자가 되는 희곡을 썼을 겁니다.

**타르비** 그러나 기후 온난화가 알리는 위험이 인류를 스스로에 대한 더 나은 통제로, 더 나아가 근본적인 전환으로 이끌어갈 수 있지 않을까요?

**바디우** 그전에, 있을 수 있는 기후 온난화와 관련하여, 입증된 것은 아무것도 없다는 점에 유의해야 합니다. 생태주의의 선전은 반세기에 걸친 변화의 예측을 압축하여, 마치 1년 후에 재앙이 발생하는 체합니다. 설령 온난화로 인해 해수면 상승이 일어난다 해도, 갑자기 그렇게 되지는 않을 겁니다. 그 변화들에 적응하기 위한 항상적이고 지속적인 이완의 작용이 있을 것입니다. 필경 인구의 이동을 기대할 수 있을 것입니다. 과거에도 많은 변화가 있었고, 인류는 사람들이 우리에게 알리는 것들보다 훨씬 더 심각하고 전면적인 것들을 견뎌냈습니다. 인류는 빙하기를 겪었고, 거기서 오늘날과는 달리 스스로의 힘으로 생존했습니다.

　나는 생태주의에 있어 우리가 상대하는 것이 지복천년설 millénarisme이라고 생각합니다. 나는 지구 온난화를 부정하거나(기후 전문가가 아니므로), 우리의 행동에 도입해야 할 규율의 필요성을 부정하고자 애쓰는 것이 아닙니다. 나는 이러한 사실을 이데올로기로 전환시키는 것에 반대합니다. 여기서 그 이데올로기는 우리가 아주 잘 알고 있는 모습, 즉 지복천년설이라는 모습, 즉 최후의 거대한 파국에 대한 믿음이라는 모습을 띱니다. 할리우드에서 만들어진 많은 영화들은 그런 것만을 다루지요. 그러한 이데올로기는 공포에 찬 동시에 무력한 정신 상태를 만들어냅니다. 그런데 공포와 무기력의 혼합물보다 더 권력에 이로운 것은 없습니다. 민주주의의 요란한 장식 아래에서 오늘날 우리가 감내하는 대단히 폭력적이고 전제적인 권력에게 이는 주민들이 갖는 가능한 최상의 상태입니다. 그러한 최종적 파국의 전망은 있는 그대로의 지구를 보존하기 위해, 부유한 나라들의 프티부르주아와 세계화된 자본주의의 포식자들에게 온도를 비롯한 쾌적한 '환경'을 보존하기 위해 모든 사람을 동원하는 경향이 있습니다. 그러나 '지구'에서 내가 관심을 갖는 것에 대해 말하면, 진실은 수십억의 사람들이 기아 상태에 놓여 있고, 야만적이고 터무니없는 전쟁이 세계 도처에서 진행되고 있으며, 상품의 지배 아래 주민의 전면적인 우민화가 확대되는 한편, 이 모든 것이 언젠가 불가피하게 위기로, 전적으로 파괴적인 전쟁으로 이어진다는 것입니다. 기후를 핑계로 녹색의 과대 선전과 타협하기보다는, 자본의 지배를 파괴하고, 자본의 '민주주의적' 선전에서 빠져나오며, 이미 극단적으로 제한된 우리의 힘을 그 지점에 집중해야 합니다.

그것이 말하는 것은, 해방의 정치의 근본적인 무력함을 통해 조성된 오늘의 상황에서, 전통과 상품 사이의 모호한 투쟁 속에서 모든 것이 쇠퇴할 수도 있다는 것입니다. 파국을 통해, 인구 이동을 통해, 악화되는 민족 문제를 통해 유발될 수 있는 경향들을 통제할 수 있는 합리성이 작동하지 않고 있습니다. 오로지 중동의 상황만으로 핵전쟁을 야기할 수 있습니다. 오늘날 그것은 내가 이념이라 부르는 것의 극단적인 무력함을 드러냅니다. 이념이 없다면, 남는 것은 오직 동물화된 인간뿐입니다. 자본주의, 그것은 인간 짐승의 동물화, 제 이해관계에 따라서만 그리고 자신의 몫이라고 그가 믿는 것에 따라서만 살아가는 인간 짐승의 동물화입니다. 믿음도 법도 없기에 동물화는 극도로 위태로운 것입니다. 인류가 제 자신을 펼쳐내기 위해, 제 자신을 창안하기 위해 노력하지 않는다면, 인류에게는 실제로 스스로를 파괴하려 애쓰는 것 이외의 다른 선택지가 없습니다. 이념의 지배 아래 있지 않은 것은 죽음의 지배 아래 있을 것입니다. 인간이라는 종은 악의 없이 동물적일 수 없습니다. 인간은 자기 자신의 세계를 이성적으로 살아가기 위해 이념을 필요로 하는 그런 종입니다.

## 전망들, 무엇을 할 것인가

**타르비** 마지막으로, 무엇을 해야 할까요? 오늘날 예를 들어 시민 불복종이나 합법성의 위반에 대한 어떤 관계가 받아들여질 수 있을까요?

**바디우** 내가 보기에 이 문제에 대한 대답에는 하나가 아닌 세 가지 수준이 있습니다. 나는 우선 문자 그대로 이데올로기적인 문제들이 큰 중요성을 가진다고 생각합니다. 우리는 혁명과 국가의 역사로 이루어진 특수한 시퀀스에서 벗어나야 합니다. 그런 경우에는 언제나 본질적인 논쟁을 가져오는 일종의 새 출발, 즉 필수적인 일보후퇴가 있습니다. 우리는 스스로에게 다음과 같은 아주 간단한 문제를 제기해야 합니다. 오늘날 존재하는 조직과는 근본적으로 다른 인간적 집단성의 조직 가능성과 그 조직에 대한 전망이 현실적으로, 전략적으로 존재하는가? 절대적으로, 이 문제는 정면에서 그리고 그 자체로 논의되어야 합니다. 만약 그 점에 대해 심각한 의심이 드리워진다면, 오로지 기존 질서로의 불가피한 복귀만이 있을 것입니다. 나의 언어 안에서, 그것은 내가 공산주의의 문제라고 부르는 것입니다. 그러나 그것을 다르게 부를 수도 있겠죠. 어쨌든 중요한 것은 인간 역사의 운명에 대해 올바른 전체적 선택이 있는지 없는지를 밝히는 것입니다.

마르크스에게, 그리고 이런 경우에는 로자 룩셈부르크에게, 이 선택은 사회주의냐 야만이냐의 선택이라는 것을 상기시켜야 합니다. 제기되었던 것은 또한 인간의 문명이 효과적으로 지속될 수 있느냐의 문제이기도 합니다. 그 문제를 다시 활성화시켜야 합니다. 그것은 중요한 일입니다. 그것이 지식인들에게 독점적으로 제한된 일이라고 믿는 것은 잘못일 것입니다. 왜냐하면 다른 것이 존재한다는 이러한 확신은 어느 때이든 대중적 확신이 되어야 하기 때문입니다. 이 확신은 지적인 구축에 옹색하게 머물러서는 안 됩니다. 이념들이 대중을 사로잡을 때, 그 이념들은 정신적인 핵폭탄과 같은 것이 된다고 마오는 말했습니다. 오늘날 그 어느 때보다 더 정신적인 핵폭탄이라는 문제가 제기됩니다. 적어도 말할 수 있는 것은 당분간 우리의 정신적인 핵폭발력이 매우 제한적이라는 점입니다. 바로 이것이 첫 번째 수준, 공적인 토론이라는 수준, 정면에서 관점을 견지하는 능력이라는 수준에 해당하는 것입니다.

두 번째 수준으로 가봅시다. 그것은 집단적 실험이라는 수준, 오늘날 불가피하게 국지적인 규모의 정치적 실험이라는 수준입니다. 우리에게 최소한의 이념도, 일반적인 운동일 수 있는 것의 최소한의 개념도 없기 때문에 그렇습니다. 이전 시기에, 전체 운동은 '혁명', '프롤레타리아적인' 또는 '사회주의'라는 정확한 말로 지칭되었습니다. 우리에게는 더 이상 그것에 상당하는 어떤 개념도 없습니다. 우리는 오늘날 혁명 또는 그것에 상응하는 국가의 형상이 어떤 것일 수 있는지 알지 못합니다. 우리는 오로지 국지적 실험만을 할 수 있고, 그 실험을 통해 조금씩 더 일반적인 범주들을 끌어내는 시기를 만들 수밖에 없습니다. 그 국지적인 실험은 이데올로기적으로 규범화되어야 합니다. 따라서 그 두 지점들은 절대적으로 연결되어 있습니다. 특수한 상황 속에서 행해지는 것이 평등의 방향으로 나아가는지, 그렇지 않은지, 사유재산과 그에 의존하는 사회적이고 정치적인 조직의 분할 없는 지배를 거스르는 전망을 발전시키는지, 그렇지 않은지 밝히는 것이 문제입니다. 매우 분명한 상황에서, 우리는 공산주의적 원칙들을 검증하는 가치가 있는 지점들을 시험할 수 있습니다. 어떤 점들은 오늘날 다른 점들보다 더 앞서 있습니다. 그렇게 외국 출신의 노동자들에게 지워진 운명에 대한 작업은 다양한 실험의 계기가 되었습니다. 반대로, 공중 보건이나 국제주의와 같은 다른 문제들에 대해서는 사정이 훨씬 더 어둡습니다.

세 번째 수준에 대해, 중요한 것은 앞선 두 가지 점—다시 변형된 이데올로기적 확신과 의미 있는 국지적 실험들—을 고려하여, 조직의 문제에서 우리가 어느 지점에 위치하는지 아는 것입니다. 당이라는 기념비적인 그리고 나름대로 공포정치적인 형상—그 형상이 20세기의 혁명을 지배했다는 의미에서—은 명백하게 더 이상 사람들을 유혹하고, 고무하고, 조직할 능력이 없습니다. 그렇지만 조직의 문제는 여전히 중요합니다.

**타르비** 그래서 무엇을 해야 하나요?

**바디우** 나는 그것들을 종합적으로 다시 시작합니다. 기성 질서에 맞서는 일반적 대안에 대한, 상황 속에서 충돌을 야기하는—불복종과 위반의 실천을 포함할 수 있는—실험들에 대한 살아 있는 이념을 재구성하기 위한 이데올로기적 노력, 마침내 조직의 문제에 대한 끊임없으면서도 실험적인 성찰. 이것이 나의 '무엇을 할 것인가?'일 것입니다.

2장

# 사랑

# 사랑 대 정치

**타르비**  이 주제에 대한 논의의 출발로 우리는《인간의 조건The Human Condition》에서 한나 아렌트가 말했던 문구를 인용할 수 있을 것 같습니다. "본질적으로 세계와 무관하기에, 세계의 변화 또는 구원과 같은 정치적 목적을 위해 이용될 때, 사랑은 거짓을 말하거나 타락할 수밖에 없다."[1] 이 말은 동시에 우리에게 어떤 맥락을 제공합니다. 이 인용구에 대해 논평해주시겠습니까? 선생님은 '사랑의 조건'을 통해 어떤 것을 말씀하고자 하시는지요?

**바디우**  사랑, 그것은 본질적으로 세계가 하나의 경험이 아니라 둘의 경험이 되는 계기입니다. 그러므로 사랑의 구축은 둘을 하나로 환원하는 것이 전혀 아닙니다. 그런 것은 융합적인 낭만적 관념으로, 거기서 연인들은 트리스탄Tristan과 이졸데Isolde가 보여주는 것처럼, 죽음 속에서만 진리를 갖는 황홀하며 지고한 통일성 속으로 사라지게 됩니다. 나는 정반대로 사랑이 각자의 나르시시즘적인 통일성을 분할하여 그 결과 사랑은 둘의 경험으로서 받아들여지는 세계의 경험으로 열린다고 생각합니다. 나는 사랑

---

1  한나 아렌트,《인간의 조건》, 이진우 · 태정호 옮김, 한길사, 1996, 104쪽을 참고하라. 번역은 타르비의 프랑스어 표현을 그대로 옮겼다. ─옮긴이

을 '둘의 무대'라고 불렀습니다. 정치가 차이를 질료로 간주하여 그 차이의 요소 안에 최소의 능동적인 통일성을 구축하려 하는 반면, 사랑은 반대로 최초의 통일성을 파괴하여 세계의 경험에 대한 둘의 지배를 정립합니다.

그것이 바로 내가 정치가 중단되는 곳에서 사랑이 시작된다고 말하는 이유입니다. 한나 아렌트가 말하는 것은 내가 보기에 타당합니다. 나는 집단성의 장에서 사랑의 범주를 이용하는 모든 것을 매우 불신합니다. 그렇게 나아가는 것이 바로 종교입니다. 종교는 게다가 사랑을 초월의 사랑에 집중시키고 재배치하기 위해 이용합니다. 결국, 우리가 신에 대해 갖는 것 또는 신이 우리에 대해 갖는 것, 모든 것의 열쇠인 것은 바로 사랑입니다. 사랑은 초월에 봉사하는 도구가 됩니다. 게다가 공포와 마찬가지로 사랑이, 또는 이 둘의 혼합물이, 초월에 봉사하여 도구화될 수 있다는 것은 놀라운 일입니다. 그러한 관점에서, 거대 독재들은 거대 종교들과 동형적입니다. '인민들의 자상한 아버지'[2]와의 관계는 한편으로 극도의 사랑이며, 다른 한편으로는 완전한 공포입니다. 그 둘은 실제적이었지, 허구가 아니었습니다. 실제로 스탈린은 소비에트의 압도적인 다수로부터 엄청난 사랑을 받았습니다. 그가 죽었을 때, 엄청나게 많은 집단적 애도가 있었지요. 공포가 절대적으로 지배했던 것 역시 사실입니다. 이러한 사랑과 공포의

---

2 러시아에서 차르를 지칭하는 말이었고, 이후 스탈린에게 붙은 칭호가 되었다. 옮긴이

식별 불가능성, 또한 불행히도 이따금 사적인 삶을 황폐화시키는 식별 불가능성은 종교의 권위에 속한 요소입니다.

**타르비** 선생님은 사랑이 끝나는 곳에서 정치가 시작된다고도 말씀하시겠군요.

**바디우** 정치가 끝나는 곳에서 사랑이 시작된다고 내가 말했을 때, 그것은 사실상 상당히 형식적인, 거의 대수적인 분석에 기초한 것이었습니다. 결국, 통일된 것 또는 하나인 것의 입장은 정치에서 언제나 결과입니다. 정치는 무한한 다수성에서 출발합니다. 더 정확하게 말하면, 정치는 인민의 단언이 현시하는 무한한 다수성이 권력과 국가가 재현하는 무한성의 유형과는 본질적으로 다르다는 사실에서 출발합니다.《존재와 사건》의 범주들을 빌려오자면, 모든 정치의 시작인 사건은 이러한 종류의 이중적 무한, 즉 인민적 현시의 무한과 국가적 재현의 무한입니다. 요컨대, 언제나 문제가 되는 것은 인민적 무한이 전제적인 국가적 힘을 구속하고, 그 규범을 정하며, 경향적으로는 그 힘을 약화시키거나 소멸시키는 것을 마땅히 가능하게 하는 방법입니다. 벌어진 틈, 다수성, 소통의 어려움, 내적 분열로 처음에 주어졌던 것은 시퀀스의 방식으로 통일의 형식들을 구축하는 데 이릅니다.

내가 또한 다른 언어로 말하듯이, 구성적인 것은 차이의 문제가 아닙니다. 차이는 그저 있는 것입니다. 사람들과 민족들은 불가피하게 서로 다릅니다. 문제는 어떻게 같은 것을 만들어내는지 밝히는 것입니다. 그것이 매우 중요한 지점이지요. 우리는 결국에 가서 상당히 부정적이었던 차이에 대한 숭배의 시기에서 막 빠져나왔습니다. 진정으로 위대한 정치는 오히려 구별되는 질료로 통일성을 만들어내는 것을 겨냥합니다. 정말이지 그것은 국제주의의 최후 목표였습니다. 문화들, 문명들, 민족들이 있지만, 결국 이 모든 것은 정치적으로 모두가 함께 행동하게 하는 것을 막지 않는 지점에 자리 잡아야 합니다. 따라서 정치는 다양성에서 동일자로 가지만, 사랑은 반대로 유일한 길로 받아들여진 차이의 구축입니다. 정치는 차이에서 같음으로 가고, 사랑은 같음 안에 차이를 들여옵니다.


## 사건-만남 그리고 무대의 구축


**타르비** 우리가 사랑이라는 조건에 주체와 진리에 대한 선생님의 일반적인 사유를 분접하는 방식을 서술하려 할 때, 사랑이 만남이라는 사건에서 출발한다는 점을 확인하게 됩니다. 그것은 첫눈에 반하는 것을 통해서만 사랑이 있다는 것을 의미하나요?

**바디우** 첫눈에 반한다는 것은 만남을 시화하는 방식, 그것을 약간은 과장된 문체로 그리고 확실히 말하건대, 소급적인 문체로 서술하는 것입니다. 예를 들어 사태가 갖는 빛나는 특성을 그려내는 것이지요. 어떤 경우에, 진짜 그럴 수 있습니다. 당신이 어딘가 있을 때, 한 여성이 오는 것을 보고, 갑자기 당신이 가진 세계에 대한 표상 속에서 뭔가가 절대적으로 동요합니다. 그것은 완전히 꾸며낸 이야기가 아닙니다. 한눈에 반하든 그렇지 않든, 우연성의 요소는 여하튼 남습니다. 그 필연적인 만남의 요소에서 모든 것이 시작됩니다. 그것은 사실상 모든 사건과 마찬가지로 거의 아무것도 아닙니다. 하나의 사건, 그것은 일반적으로 거의 아무것도 아닙니다. 그것은 나타나는 동시에 사라지고, 우리는 그것이 어떤 미래를 가지는지 곧바로 보지 못하며, 처음부터 그 결과들을 읽어낼 수 없습니다.

사랑은 사건의 좋은 예입니다. 내가 사무실의 동료를, 또는 다른 누군가를 소개받습니다. 그것은 거의 가장 작은 것입니다. 그런데 가끔 우리는 즉시 그것이 중요하다는 것을 느낄 수도 있고, 또한 그때 아무것도 느끼지 못할 수도 있습니다. 이 영역에는 많은 편차들이 있습니다. 여기서 내가 관심을 갖는 것은 우연성입니다. 이 사랑의 기원에 있는 순수한 우연성과 명백하게 우연성이 아닌 것의 상징으로서 중매결혼의 논리 사이의 모순이 특히 연극에서 아주 오래전에 연출되었음을 보는 것은 경이로운 일입니다. 연극은 거리와 교회에서 서로를 보고 눈길을 교환했던 젊은 남녀의 순수한 만남과 하나들로 확고하게 지켜지는 둘, 잘 구축된 둘을 계획했던 사회적 장치를 대립시킵니다. 그것은 무궁무진한 연극의 주제입니다. 절대적으로 우연적인 기원과 절대적으로 예정된 기원 사이의 모순 말이죠. 나는 종종 사랑을 사건의 예로 제시합니다. 사랑의 만남은 아무것도 아닌 것처럼 보입니다. 중요한 사건들은 '비둘기의 걸음으로' 도래한다는 니체의 말[3]이 완전히 틀린 것은 아닙니다. 그것은 거의 아무것도 아니지만, 엄청난 역사의 기점일 수도 있습니다.

**타르비**  그렇지만, 선생님은 그에 뒤따르는 절차와 사랑의 '노동'을 강조하십니다. 선생님이 말씀하시는 것처럼, 이 절차를 초월적으로 해석하기를 거부하고, 중요한 것은 환상이 아니라 생산적 현실이라고 단언하시면서 말이죠.

**바디우**  물론, 사랑이 어떤 점에서는 그 출발의 우연성, 거의 비실존에 가까운 것이 만들어내는 기계적인 결과일 뿐이었다면, 우리는 사랑의 진정한 본질을 이해하지 못했을 겁니다. [그렇다면] 우리는 사랑이 선택, 숙고, 드라마, 여러 시도들, 기다림, 정정의 연속으로 만들어진다는 것을 이해할 수 없었을 겁니다. 그러나 만남이 '너를 사랑해'라는 선언을 통해 확인되는 순간 사랑이 도래

---

3  니체, 《차라투스트라는 이렇게 말했다》, 정동호 옮김, 책세상, 2000, 244쪽을 보라. ─옮긴이

한다는 것을 모두가 알고 있습니다. 이 만남이 어떤 형태로든 선언 속에 고정될 때, 비로소 엄밀한 의미의 경험, 둘로 살아가게 되는 세계에 대한 경험이 시작됩니다. 그들은 한 집에서 살 것이고, 그 공간 그 자체는 둘에게 속한 공간이 되겠지요. 시간 또한 둘이서 보내는 시간이 될 것입니다. 언제 보고, 언제 보지 않을 것인가? 함께 휴가를 떠날 것인가? 조금씩, 일상생활을 구성하는 일련의 요소들은 둘의 존재l'être-deux의 함축성에 붙들리고 사로잡힙니다. 이 모든 요소들은 둘의 무대에 들어가야만 합니다. 그 요소들은 그 무대에 저절로 들어가지 않습니다. 중요할 수 있는 지지점들을 통해 그 요소들이 무대에 들어가도록 해야 합니다. 예를 들어 그것은 아이를 가질 것인가, 말 것인가 하는 점들 말입니다. 이 모든 것이 사랑의 절차의 내용을 이룹니다. 사랑의 현실은 바로 그런 것입니다. 우리가 사랑을 심리적 상태로 환원한다면, 거기에서 별로 이해할 것이 없습니다. 물론 각각의 심리적 상태는 있습니다. 그러나 결정적으로 그 모든 것을 청산하는 것은 심리학 또는 사랑하는 한 쌍의 구성원들이 갖는 특수한 나르시시즘으로 환원될 수 없는 공유된 경험입니다. 우리가 아는 것처럼, 나르시시즘 또는 불가피한 이기주의는 빈번하게 사랑의 형상이 펼쳐지는 데 방해가 되면 됐지, 도움이 되지 않습니다. 사랑은 두 이기주의 사이의 협상이나 계약이 아닙니다. 거기에 중재를 위한 법정은 없습니다. 연인들은 내재성 안에, 구축의 내재성 안에 있는 것입니다. 말하자면 그 구축은 둘의 무대 그 자체의 구축이죠.

그래서 사랑은 창조자입니다. 사랑은 차이에 대한 독특한 singulier 경험입니다. 그것은 유일하고 근본적이며, 강렬하고 생기 넘치는 경험입니다. 그 경험이 마주치는 어려움과 그 중단의 위협이 극적일 정도로 말입니다. 나는 사랑이 폭력, 죽음을 야기할 수 있는 참혹한 절차라는 것을 상기시키지 않을 수 없습니다. 우리는 이런 관점에서 사랑을 정치와 비교할 수 있습니다. 사랑 안에서, 우리는 수백만이 아니라 단지 둘입니다. 그러나 사랑에는 꼭 그만큼의 드라마, 그만큼의 상실, 무시할 수 없는 많은 고통이 있습니다. 사랑은 창조적인 일이며, 창조적인 것 중 쉬운 것은 아무것도 없습니다. 그러나 정치에서와 마찬가지로 사랑에는 각자가 자기 자신을 넘어서는 느낌을, 놀랄 만한 것을 성취하고자 하는 느낌을 갖게 되는 열광의 놀라운 순간들이 있습니다. 사랑의 경우에 근본적인 정동은 바로 행복인 것입니다. 모두가 잘 알고 있듯이, 행복을 내보이는 것은 사랑을 내보이는 것입니다. 우리는 행복을 어떻게 다른 방식으로 내보이는지 알지 못합니다. 그러나 이 정동은 그것이 동반하고 대동하는 노고의 산물 그리고 다른 많은 측면들을 포함하는 노고의 산물입니다. 왜 그럴까요? 왜냐하면 그것은 차이의 실험이고, 둘을 이루는 각자에게, 둘이라는 사실에 걸려 있는 세계에 대한 실험이기 때문입니다.

**타르비**  선생님은 또한 사랑이 분리의 진리이며, 따라서 전체성 또는 지식이 아닌 진리라고 말씀하십니다. 그것에 대해 설명해주실 수 있나요? 예를 들어, 사랑은 일반적으로 특히나 '형식화할 수 없는 것'으로 보이는데, 사랑이 형식화될 수 있다는 것을 이해하지 못하는 사람들에게는 매우 놀라운 것으로 보일 수도 있는 '원자 uatome u'라는 선생님의 정식을 다시 가져와서 말입니다.[4]

**바디우** 여기서 우리는 라캉이 말했던 것처럼 '형식화의 난관'에 처해 있습니다! 그러나 우리는 매우 간단한 방식으로 사물들을 제시할 수 있습니다. 최초의 사건이 어떤 만남이라는 가설은 이 만남 이전에 있는 분리의 상황이 전제될 때만 의미를 가집니다. 만남이 있으려면 먼저 분리가, 어쩌면 근본적인 의미에서의 분리가 있어야 합니다. 서로 알지 못했다는 것, 타자가 존재했다는 것을 알지 못했다는 것이죠. 또한 성 구분sexuation을 통해, 사회적 지위를 통해 또는 연령이나 국적을 통해, 더 나아가 단적으로 한 개인이 다른 개인과 무한하게 다르다는 사실을 통해 만들어진 분리에 대해 생각해볼 수 있습니다.

　오직 분리만을 가정합시다. 먼저, 사람들은 전적으로 분리되어 있고, 따라서 만남이란 거짓faux-semblant이라고, 사람들은 거짓 사랑에, 환상에, 상호적 이해관심에 대한 계약적 협상에 연루되어 있다고 가정해보죠. 그것은 고전적인 도덕주의의 이론입니다. 그

---

4　Badiou, "La scène du Deux", in *De l'amour* (sous la direction de l'Ecole de la Cause freudienne), Flammarion, Paris, 1999를 참고하라. - 옮긴이

것에 따르면, 성적인 쾌락을 빼면 사랑은 아무것도 아니거나 사회적 관습일 뿐입니다. 그렇지 않으면, 분리에서 통일로 옮겨가기 때문에, 융합이 있다고 생각할 수 있습니다. 이것은 낭만적인 전망입니다. 그것에 따르면, 사랑은 둘의 무대가 전혀 아니라 일자의 초월이고, 실제로 서로를 동일시하고 융합시키는 두 주체성의 능력입니다. 그러나 내가 감히 말하자면, 중간으로 옮겨갈 수 있습니다. 정치적 은유를 사용하면, 우리는 우파와 극좌파 사이로 옮겨갈 수 있습니다. 우파는 결혼을 안락한 환상으로, 사회적 조정으로 보고, 극좌파는 사랑은 모든 것을 바꾸지만 죽음으로 인도하는, 초월적이고 영광스러운 융합으로 봅니다. 이런 경우, 분리는 남아야 하지만, 완전히 그런 것은 아니어야 합니다. 둘의 무대가 창조되는 지형은 그러한 분리를 없앨 것을 주장하지 않지만, 그 분리를 있는 그대로 유지할 것을 주장하지도 않습니다.

**타르비** 분리와 융합 사이의 유일한 지점은 사랑을 낳기에 충분할까요?

**바디우** 어쨌든 내가 환기시키는 문제를 해결하고자 할 때, 분명히 장애물의 지점이, 아마도 단 하나의 지점이 틀림없이 있습니다. 만남은 어떤 흔적을 남길 겁니다. 또한 그 만남을 통해 흔적이 드러난다고도 말할 수 있습니다. 분리는 분명 분리이지만, 교차의 지점, 접촉의 지점이 있습니다. 그렇지 않다면, '만남'이 의미하는 것은 이해되지 않습니다. 만남은 처음에 거의 아무것도 아닌 것에 기대는데, 그것은 한 점point에 대한 지각입니다. 어떤 공통의 지점이 있습니다. 둘의 무대의 구축은 순수한 분리가 아니라 이 공통의 지점에서 출발하여 둘을 재검토하는 데 있습니다. 서로가 만날 때, 여전히 이 지점 밖에는 없습니다. 아는 것이 거의 없이 그리도 믿기 힘든 모험으로 들어가는 것은 언제나 나를 매혹시키는 무언가입니다. 사람들은 '무언가'가 있다는 것을 압니다. 그게 다죠.

내가 제시한 형식화에는 '남성'과 '여성'이 있는데, 왜냐하면 이런 경우 나는 성 구분된 분리에 대한 연구를 하기 때문이고, 'u'라는 지점point u이, 보편적인 것 또는 하나Un로서의 u라는 지점이 있기 때문입니다. 만남 이후에, 문제가 될 것은 언제나 만남을 둘러싼 지점을 어떤 방식으로든 팽창시키는 것들을 제시하는 것입니다. 물론 처음부터 정말 있었던 유일한 것 위에서, 그 지점 위에서 다시 수축되는 순간들이 있습니다. 그렇게 나는 사랑을 수축과 이완의 순간들로, 말하자면 팽창과 수축의 순간들로 제시할 것을 제안합니다. 그것은 경험적으로 관찰됩니다. 둘이 진정 이원적인 방식으로 세계의 파편들을 전유하는 팽창의 순간들이 있고, 나르시시즘이 그 권리를 요구하는 순간, 밑바닥으로 물러서는 순간, 최초의 지점에 매우 근접한 무언가로 물러나는 순간들이 있습니다. 이런 움직임은 u가 주저앉고 분리의 화제를 열어버리는 순간에 이를 수 있습니다. 《사랑예찬l'Éloge de l'amour》에서, 나는 분리에 맞선 완강한 투쟁을 사랑의 가능한 정의들 중 하나로 제시합니다. 모든 사랑은 분리에서 나옵니다. 그러므로 분리는 언제나 그리고 기어이 이 과정을 사로잡습니다.


## 충실성, 사랑과 욕망, 사랑과 가족


**타르비** '충실성'에 대해 이야기해보죠. 충실성이라는 약속은 사랑에 본질적인 것인가요, 아니면 단지 부차적일 뿐인가요?

**바디우** 무엇보다 사랑이 문제가 될 때, 이 용어의 상식적 의미는 주로 부정적입니다. 충실하다는 것, 그것은 다른 사람과 자지 않는 것이죠. 그 말을 이런 맥락에서 뱉는다면, 사람들이 생각하는 것은 분명히 그겁니다.

　우리는 여기서 실제적이고 아주 복잡한 문제, 욕망과 사랑 사이의 정확한 관계의 문제를 다룹니다. 한편 그 문제는 다른 사람과 자는가 그렇지 않은가의 문제와는 상당히 다른 형식으로 제기됩니다. 그 문제는 내재적으로 제기되는데, 왜냐하면 사랑이 절대적으로 욕망을 합체해야 하기 때문입니다. 그것이 사랑을 우정도, 동정도 아니게 합니다. 몸 그 자체는 사랑의 증거가 되어야 하고, 사랑의 증거로서 연루됩니다. 클로틸드 드 보Clotilde de Vaux[5]의 환심을 사려고 애썼을 때, 불운한 오귀스트 콩트Auguste Compte는 그녀가 그에게 주고자 하지 않았던, 그가 '부정할 수 없는 증거'라고 불렀던 것을 계속해서 요구했습니다! 그가 '부정할 수 없는 증거'에 대해 말한 것은 잘못이 아니었습니다. 성적인 위임 그리고 타자 앞에서의 벌거벗음에는, 우리의 유일한 현실인 몸이 둘의 무대 안에 확실히 포획되어 있음을 확인하는 증거의 요소가 있습니다. 그것은 몸이 유보된 채 남아 있지 않다는 증거입니다. 사랑은 그러므로 욕망을 합체해야 합니다. 그러나 반대로 욕망 그 자체는 전혀 사랑과 곧바로 연결되지 않으며, 그 자체로 사랑의 법칙이 아닌 자신의 고유한 법칙을 가집니다. 욕망은 사랑이 합체할 수 있을 법한 수많은 이질적인 것들에 속합니다. 그러므로 충실성은 사실상 사랑을 통해 욕망에 부과된 규율의 매우 단순하고 관찰 가능한 양상이라고 말할 수 있는 데는 근거가 있습니다.

**타르비** 충실성은 또한 선생님의 사유에 핵심적인 개념입니다. 선생님이 방금 환기시킨 그 항목의 상식적인 의미와 선생님이 '충실성'이라는 말에 부여하는 개념적 의미 사이에는 어떤 관계

5   프랑스의 실증주의 철학자인 오귀스트 콩트가 만년에 사랑했던 여인. 콩트는 첫 부인과 결별한 후인 1844년에 남편과 막 사별한 클로틸드 드 보를 만난다. 콩트는 그녀를 깊이 사랑했으나, 클로틸드는 정신적인 사랑(이른바 플라토닉 러브)을 오랫동안 고집했다고 한다. 클로틸드는 1846년에 결핵으로 죽었다. ─옮긴이

가 있습니까?

**바디우** 나는 '충실성'이라는 용어를 철학적인 의미로, 모든 진리 절차에 적용되는 의미로 사용합니다. 그 철학적 의미는 진리 절차의 기원이 사건이라는 점을 일깨웁니다. 내가 개인으로서, 몸으로서, 상황의 원소로서, 이 사건이 창시한 진리 절차에 내적이라고 주장할 때, 나는 가능한 한 끈질기게 그 결과들, 즉 사건의 결과, 그 명명의 결과, 내가 했던 약속의 결과를 떠맡아야 합니다. 사랑의 경우에, 중요한 것은 비단 만남의 결과만이 아니라 선언의 결과이기도 합니다. 내가 "사랑해"라고 말했을 때, 그것은 결과를 낳습니다. 그것은 둘이서 벌이는 세계의 실험이 가져오는 결과들입니다. 그 지점에서 나는 필요한 끈질김을 보여주어야 합니다. 사태가 기계적으로 이어지지는 않기 때문이죠. 결과들은 전개될 필요가 있지만 저절로 전개되지는 않습니다. 충실성은 결과의 주체적 요소 안에 있는 것입니다. 기본적으로 그것은 사건을 통해 가능해지는 새로운 주체에 가담하기를 받아들인다는 것을 의미합니다.

**타르비** 그러니까 충실성은 언제나 사건에 대한 충실성, 주체(여기서는 둘이 만드는 주체)의 탄생에 대한 충실성, 다시 말해 결국 진리에 대한 충실성인 것인가요?

**바디우**  실제로 나는 모든 진리 절차를 주체에, 정확하게 말해 최초의 사건을 통해 가능해진 경험의 새로운 방향 설정인 주체에 연관 짓습니다. 나를 완전히 중심으로 삼는 대신, 이러한 경험의 새로운 방향 설정은 부분적으로 탈중심화됩니다. 나는 더 이상 그 방향 설정의 중심이라고 주장할 수 없습니다. 이 탈중심에 충실해야 합니다. 충실성은 내가 스스로에게 부과한 규범의 방식, 즉 내 최초의 나르시시즘, 나의 환원 불가능한 독특성과 엄격하게 관련된 이유들로 이러한 탈중심 또는 이 새로운 주체를 포기하지 않는 방식을 지칭합니다. 따라서 사랑에는 언제나 규율의 요소가 있고, 그것은—그렇게 말할 수 있다면—'충실성'이라는 말의 범속한 의미와 일치합니다. 나는 내 경험으로 완전히 측정할 수 없는 무언가에 합체되는 방식으로 내 경험을 조직하고자 계속 시도해야 합니다. 그것이 말하고자 하는 것은 내가 사랑의 유일한 척도가 아니라는 것입니다. 그래서 사랑은 연인의 심리학으로 환원되지 않습니다. 이러한 환원은 연인의 심리학이 사랑의 척도라는 것을 전제합니다. 그러나 사랑은 어느 정도 심리학 너머에 있는 주제입니다. 바로 그런 이유로 사랑에 충실해야 합니다. 사랑은 폭풍, 유혹, 이별을 뚫고 나아가기 때문입니다. 사랑을 끝내는 것은 언제나 처참합니다. 설령 우리가 그 재앙을 받아들이고 심지어는 열망할 수 있다 하더라도, 단절이 내적으로 처참한 것은 마찬가지입니다.

**타르비** 그런데 가족은 다시 창안되어야 하는 것입니까? 선생님 께서는 사랑의 절차에서 가족에 어떤 의미를 부여하십니까?

**바디우** 나는 사랑에 있어서 가족이 정확하게 정치에 있어서 국 가와 같다고 생각합니다. 《가족, 사적 소유 그리고 국가의 기원》 이라는 텍스트에서 엥겔스는 한편으로 매우 정당하게 가족, 사적 소유 그리고 국가라는 세 가지 항들을 연결시켰습니다. 국가가 정치의 산물로 가정되는 것처럼, 가족은 사랑의 사회화된 산물로 가정됩니다. 국가가 진정 정치를 필요로 하지 않다는 점을 제외 하면 말입니다. 나는 심지어 국가가 그 본질상 언제나 탈정치화 된다고 주장해왔습니다. 국가는 관리를 수행하지, 원칙을 실행하 지는 않습니다. 모두가 알고 있듯이, 마찬가지로 가족은 사랑 없 이도 아주 잘 존재할 수 있습니다.

따라서 가족과 사랑의 상호관계는 국가와 정치의 상호관계와 같은 문제들을 제기합니다. 현재의 조건 속에서, 어떠한 정치도 국가가 없다는 듯이 행동할 수 없고, 어떠한 사랑도 가족이 없다 는 듯이 행동할 수 없습니다. 단지, 이 두 가지 경우에 진리의 절 차는 암암리에 자신과는 다른 것에 종속됩니다. 국가는 분리된 권위의 원칙이고, 집단적인 것의 지속과 재생산을 보장하는 용도 로 마련된 것입니다. 마찬가지로 가족은 최종적으로 종족의 지속 을 보장하는 용도로 마련된 것이죠. 그렇게 국가와 가족의 궁극 목적은 정치와 사랑의 목적과는 반대로, 원칙이나 진리의 질서에 속하는 것이 아닙니다.

**타르비**  그래서, 사랑은 가족을 '넘어설' 수 있을까요? 더 나아가 사랑은 가족을 필요로 하지 않을 수 있을까요?

**바디우**  가족의 수준에서와 마찬가지로 국가의 수준에서도 우리에게 매우 독특한 주장이 주어져 있다는 점을 지적하면서 시작합시다. 그 둘의 궁극 목적은 구분됩니다. 하나는 이념, 진리, 원칙이라는 말로, 다른 하나는 스피노자가 말하듯 '존재 보존perséverance dans l'être'이라는 말로 표현됩니다. 이 두 목적은 서로 연동될 것을 요구합니다. 지배적인 이데올로기들은 가족의 궁극 목적이 사랑이며, 국가의 궁극 목적은 정치라고 주장합니다. 그게 전혀 그렇지 않습니다만, 그렇다고 해서 이 두 궁극 목적이 완전한 분리 속에서 기능할 수 있다고 말할 수도 없습니다. 정말 복잡한 상황인 것이죠. 게다가 국가에 관해, 마르크스는 이런 상황을 '국가의 소멸'이라고 명명했습니다. 이상적으로, 정치는 '국가의 소멸'을 조직해야 하고, 따라서 정치는 완전히 국가와의 관련 속에 있지만, 그 결과 국가의 소멸을 겨누게 됩니다. 마찬가지로, 사랑 또한 이상적으로 가족의 소멸을 조직해야 할 것입니다.

나는 가족을 사랑의 강제된 궁극 목적으로 지정하는 것이 사랑에 많은 난점을 만들어낸다고 생각합니다. 마찬가지로, 국가 권력의 장악을 정치의 불가피한 목적으로 삼는 것은 정치에 많은 난점을 만들어냅니다. 실제로 이 용어의 힘을 빌린다면 중요한 것은 소외의 형상이 됩니다. 물론 종의 재생산을 위한 어떤 조직이 있어야 합니다. 나는 사랑의 이름으로 번식의 허무주의에 연루되지 않을 것이며 다음과 같이 외치지 않을 것입니다. "인간 종을 사라지게 하라, 그래도 아무 문제없을 것이다!" 그런 외침은 쇼펜하우어와 너무나 비슷한 것이죠!

**타르비**  그러므로 가족에 관련된다는 점에서, 사랑은 정치적인 힘을 가질까요?

**바디우**  실제로 나는 마르크스의 생각에서, 그의 모든 생각 중 가장 버림받고 가장 이상한 생각에서 무언가를 받아들였습니다. 비록 정치가 마법의 지팡이로 국가를 사라지게 하지는 못한다 할지라도, 그래도 정치가 점진적인 국가의 소멸이라는 생각, 국가가 갖는 관리의 형상이 연합과 창조의 형상으로 대체되어야 한다는 생각과 공외연적이라는 점은 그대로라는 것입니다. 재생산이 있는 곳에는, 자유로운 연합과 창조가 있을 것입니다. 나는 가족에 대해서도 마찬가지라고 생각합니다. 사랑에 본질적인 과제들 중 하나는 우리가 믿는 것처럼 가족을 만드는 것이 전혀 아니라, 둘의 무대를 가족 이기주의에서 해방시키는 형식들을 창안하는 것입니다. 이 모든 것은 물론 아이들의 실존과 아이들에 대한 사랑을 떠맡으면서 이루어지는 것입니다. 실제로 가족은 둘의 무대를 구축하고 아이들을 낳지만, 집합적 나르시시즘 안에 갇힙니다. 그 모든 것을 보증하는 것은 명백히 유산입니다héritage. 그렇게 모든 것은 결국 연결됩니다. 재화의 관리, 국가, 가족이 연결되는 것이죠. 그래서 가족은 오늘의 세계가 근본적으로 원하는 것이 됩니다. 소비의 단위지요. 가족은 소비의 조직 안에서 엄청난 역할을 맡고 있는데, 그것은 상품의 탐진입니다!


## 사랑과 철학, 사랑과 우정


**타르비** 어원에 따르면, 철학은 '지혜에 대한 사랑'입니다. 게다가 필레인Philein(사랑하다, 욕망하다)이라는 동사는 플라톤의 철학에 대한 정의에서 중요한 역할을 합니다. 하지만 '에로스Éros' 역시 마찬가지로 본질적인 역할을 하지요. 《향연》에서 소크라테스는 에로스의 형상입니다. 마찬가지로, 소크라테스가 정치를 잘할 수 있도록 알키비아데스에게 지혜를 전달하고자 애쓰는 것은 그를 사랑하기 때문입니다. 플라톤 철학 안에서 이런 사랑의 자리는 약간 당황스럽습니다. 선생님은 그것을 어떻게 해석하시나요?

**바디우** 나는 당신이 제시한 전거들에 《국가》의 상당히 이상한 구절을 추가할 것입니다. 그 구절에서 소크라테스는 정치권력을 담당하게 될 철학자를 정의하고자 애씁니다. 아주 갑작스럽게 그는 사랑 속에서 우리가 사랑하는 존재를 부분적으로 사랑할 수 없다고, 우리는 사랑받는 존재의 전부를 사랑해야만 한다고 말합니다.[6] 어떤 점에서 우리는 일부분을 선택할 수 없다는 것이죠. 내 생각에 그것은 사랑을 욕망에 대립시키는 것으로 귀착됩니다. 왜냐하면 라캉이 말할 것처럼 욕망은 부분 대상들을 욕망하기 때문입니다. 사랑은 존재를 전체로 받아들이는 것입니다. 그것은 소크라테스로 하여금 철학이 지혜 그 자체를 전체로 받아들이는 것이라고 단언하도록 하는 것이지요. 그러므로 철학과 플라톤이 사랑이라고 부르는 것 사이에는 실제로 이런 놀라운 연관이 있습니다. 당신이 환기시킨 것처럼, 결국 '지혜에 대한 사랑', 지혜에 대한 '우정' 또는 '사랑'(필레인philein이죠!)으로서의 철학이라는 조금은 유동적인 정의와 함께 말입니다.

나는 철학에 대한 사랑의 관계라는 이 플라톤적 문제에 대한 이중의 분석이 있다고 생각합니다. 첫 번째 분석은 사랑이 감각적인 것으로부터 훨씬 더 크고 본질적인 어떤 것으로의 이행이 갖는 힘에 대한 놀라운 예라는 것을 보여주는 데 있습니다. 나는 가시적인 것sensible으로부터 가지적인 것intelligible으로의 이행이 특별히 중요하다고 말하는 것이 아닙니다. 그러면 우리는 조금은 교과서적인 플라톤주의에 빠질 것이니까요. 하지만 《향연》에서 아

6  플라톤, 《국가·정체》, 박종현 역주, 서광사, 1997, 366-367쪽(474b-d)을 보라. – 옮긴이

름다운 몸을 관조함으로써 — 당연히 그 아름다운 몸을 사랑한다는 조건에서 말이죠! — 우리가 이미 아름다움의 이데아에 대한 관조contemplation의 길 위에 있다고 단언할 때 플라톤이 말하고 싶은 것은 무엇일까요? 그가 말하고자 하는 것은 사랑이 독특성(아름다운 몸)을 그 자체 이상의 것으로, 아름다움의 이데아로 열어놓는다는 것입니다. 아름다움의 이데아는 아름다운 몸 안에 있는 동시에 아름다운 몸 이상의 것입니다. 바로 그것이 플라톤이 '분유participation'라고 부르는 것이지요. 아름다운 몸은 아름다움의 이데아를 분유하지만, 어떤 의미에서 아름다움의 이데아는 아름다운 몸을 넘어섭니다. 실제적인 힘으로서의 사랑은 언제나 제 단순한 객관적 실존 이상의 어떤 것을 타자에게서 봅니다.

**타르비** 선생님은 사랑에 대한 그런 접근을 공유하시는군요……
사랑에는 우리를 존재 너머로 데려가는 능력이 있습니다. 우선, 사람들 자신의 존재 너머죠.

**바디우** 그렇죠. 나는 매우 강력한 그 생각을 나의 것으로 이어가려 합니다. 나는 사랑이 철학에게 본질적인 경험이라고 생각합니다. 그것은 세계의 경험에 내 자신의 유한성 이상의 어떤 것을 부여하는 실존적인 실천입니다. 사랑에 대한 철학의 관계는 자기에 대한 초과를 설정하는 흔치 않은 인간적 경험들 중 하나에 대한 관계입니다. 그것은 현대 세계에서 인정되지 않는 생각입니다.

사람들은 사랑이 의존이고, 나의 자유를 침해하며, 나를 내가 나 자신의 주인이 아닌 상황에 처하게 한다고 생각합니다. 오늘날의 실용주의가 재앙으로 간주하는 그 모든 것들을 플라톤은―그리고 나는 그 점에서 그를 따릅니다―아주 긍정적인 것으로 간주합니다. 결국 동물적 원칙으로서의 이해 관심의 원칙은 파괴됩니다! 사랑은 전적으로 그것[자기에 대한 초과]에 의거하면서 인간 동물의 원칙을 극복합니다. 사랑은 거대 이념의 수준에서 그렇게 하는 것이 아니라, 동물성 그 자체에 한층 더 가까운 수준에서 그리고 어떤 방식으로든 모두에게 더 잘 알려진 수준에서 그렇게 합니다.

**타르비**  하지만 플라톤에게는 적어도 소크라테스라는 인물과 관련하여, 사랑은 또한 철학의 전달에 있어 필수불가결한 역할을 하는 것으로 보입니다.

**바디우**  내가 조금 전에 예고했던 다른 분석이 바로 그것입니다. 철학은 어떻게 전달될까요? 그것의 전달 방식은 단지 논증적이거나 지성적일 수 없습니다. 플라톤에게서 발견되는 것이 바로 이러한 질서의 생각입니다. 철학에는, 최소한 은유적으로, 사랑에 빠지게 될 것 같은 타자와의 관계의 형상을 요구하는 무언가가 있습니다. 어쨌든 그 형상은 타자가 말하는 것이 갖는 객관성에, 그의 논증에 제한되지 않고, 사랑의 차원에, 내 자신을 넘어서는 방식으로 타자를 고려하는 차원을 연루시킵니다. 라캉과 정신 분석가들은 그것을 전이의 사랑으로 분석합니다. 그 테제는 말하는 사람에 대한 사랑과 연결된 전이적 형상들 없이는 완전한 철학적 소통이란 없다고 말하는 것으로 귀착됩니다. 전이의 사랑의 도움을 통해서만 전달의 기능을 완전하게 떠맡을 수 있다는 것이 바로 모든 분과학문들 중 철학이 갖는 속성입니다. 그것은 특히 플라톤에게 참된 철학적 무대가 구술적인 것이지 기술적인 것이 아니라는 점을 설명합니다. 타자의 몸과 그의 목소리가 거기에 있어야만 하는 것이지요.

요약하자면, 나는 이 두 가지 점에서 플라톤을 따릅니다. 나는 철학이 최초-경험으로서의 사랑의 경험, 즉 유한성의 열림에 대한 일차적 경험, 하나에서 둘로의 이행인 사랑의 경험을 필요로 한다고 생각합니다. 이러한 하나에서 둘로의 이행은 유한성의 첫 번째 열림, 가장 작은 또한 필경 가장 급진적인 열림입니다. 더구나, 철학적 전파의 일반적인 구성이라는 관점에서, 전이라는 특수한 기능이 있습니다. 하지만 왜 그럴까요? 철학이 말의 일상적인 의미에서의 분과학문이 아니기 때문입니다. 철학 안에는 지식이 있지만, 철학은 지식으로 요약되지 않습니다. 그래서 철학은 단지 지식으로서 전해질 수 없습니다. 철학은 이념이 주체성을 지배할 수 있도록 하는 고유한 양식입니다. 철학은 주체성과 이념의 관계이며, 그러한 관계는 지식으로 환원되지 않습니다.

**타르비** 우리는 철학의 어원이 지닌 어떤 모호함을 환기시켰습니다. 사랑인가 우정인가 하는 것이죠. 그것은 암묵적으로 사랑과 우정의 차이라는 문제를 제기합니다. 그런데 그 차이란 결국 무엇일까요? 욕망과 섹슈얼리티sexualité에서 그 차이를 찾는 것으로 충분할까요?

**바디우** 아마 우정에도 약간의 욕망은 있을 테죠. 결국 우리는 그것에 대해 아무것도 모릅니다. 중요한 점은 사랑에서 욕망이 인정되고, 펼쳐져야만 한다는 것입니다. 몸의 현전, 몸의 증여, 몸의 노출은 사랑의 성격, 사랑의 전체적인 성격을 증언합니다. 라캉처럼 말하자면, 사랑에서 중요한 것은 타자의 존재이지, 이런저런 특징이나, 이런저런 부분 대상이 아닙니다. 그런 관점에서 볼 때, 섹슈얼리티는 사랑 안에서 특수한 기능을 합니다. 그것은 전적인 노출의 증거, 전적인 위임의 증거로서의 가치가 있습니다. 섹슈얼리티는 둘의 존재l'etre-deux에 유보된 구석이 없음을, 빠진 것이 없음을 증명합니다. 몸은 사랑이 드러나는 표면입니다. 벌거벗음은 본질적이죠. 그것은 아무것도 유보된 것이 없음을 증명합니다. 욕망은 사랑의 형식과는 다른 형식으로 존재하지만, 사랑의 규칙 안에서 증거로 간주되어야만 한다는 것을 모두가 알고 있습니다. 우정은 많은 것들이 물러나 있고, 유보되어 있다는 것을 받아들입니다. 그런 것이 또한 우정의 매력이지요. 우정은 매우 강렬할 수 있지만, 그럼에도 그 지표와 정도는 선택된 것일 수 있습니다. 더욱이 우리는 우정의 외부에 있는 것으로 받아들여지는 것들을 우정 안으로 끌어들일 수 있습니다. 그렇게 우리는 신뢰와 지지의 체제 안에서 각자에게 일어난 일에 대해 침착하게 토론할 수 있습니다. 친구는 자신의 사랑에 대해 말할 수 있는 누군가입니다. 정확히 말해, 친구와 사랑에 빠진 것이 아니기 때문입니다.

**타르비**  우정 역시 만남, 우연에서 시작합니다…… 우정의 사건은 없을까요?

**바디우**  내가 보기에는 없습니다. 분명히 만남은 있지요. 그러나 만남은 우정에서 기원으로 기능하지 않습니다. 우정은 사랑보다 더욱 포괄적이며, 더욱 막연한 동시에, 더욱 사회화된 현상이기도 합니다. 그렇다고 해서 철저한 분리에 가둘 수 있는 것도 아닙니다. 우정의 많은 요소들은 사랑에 합체되지만, 그 반대 또한 그러하지는 않습니다. 다시 말해, 거의 모든 우정은 사랑 안에 있지만, 사랑이 완전히 우정 안에 있다고 하기는 힘들죠. 우정과 사랑이 포착되는 것은 바로 이런 구성적 비대칭 안에서입니다. 많은 제한 구역을 포함하기 때문에, 우정은 어떤 점에서는 신중한 관계입니다. 계산적인 의미에서가 아니라 사람들이 직관적으로 무엇에 대해서는 조용히 말할 수 있고, 무엇에 대해서는 말할 필요가 없는지 알고 있다는 의미에서 말입니다. 이러한 구성과 신중함을 통해 우정은 아주 다른 인격들을 합체할 수 있습니다. 그것은 뭐랄까 나에게 강한 인상을 주는 것이죠. 우리는 결국 자기와 아주 다른 사람들과 친구가 될 수 있습니다. 당신은 사랑이 의미하는 바와 같이 그들과 함께 살거나, 그들을 사랑할 수 없습니다. 취향, 정치적 견해, 일상적인 삶의 리듬 안에서의 이러한 관점의 차이들은 결국 둘의 무대의 지속적인 구축을 방해하겠지만, 우정의 불연속을 막지는 않습니다.

그래서 나는 친구들과의 관계가 본질적으로 불규칙적이라고 생각합니다. 우리가 친구들을 자주 보더라도, 그것은 본질상 불규칙적인 것으로 남게 되지요. 친구는 우리가 한없이 같이 살거나, 모든 것을 말할 수 있는 사람이 아닙니다. 친구는 우리가 이따금 즐겁게 만나는 사람이고, 그런 분산이 내가 우정의 신중함이라고 말하는 것의 일부가 됩니다. 그러나 우리의 우정을 구성하는 것들의 목록은 상당 부분 확인 가능하며 공통적입니다. 거기에는 많은 다른 것들이 배제되어 있습니다. 그래서 우정은 쉽게 지적 질서에 속하게 됩니다. 우리에게는 지적인 친구들이 있습니다. 그러나 우리에게는 또한 함께 사냥하는 친구, 술 한잔 기울이는 친구도 있습니다.

**타르비** 이제 더 일반적인 방식으로 사랑의 문제를 다루고 타자성alterité의 문제를 생각해보고자 합니다. 선생님의 저작에서 선생님은 정치 또는 사랑이라는 간접적인 수단을 통해 타자성의 문제에 접근하십니다. 한편, 윤리는 정치, 사랑, 예술 그리고 과학과 달리 선생님에게 [철학의] 조건이 아닙니다. 선생님에게 타자는 접근 불가능한 것 또는 도덕적 초월이 아니고, 세계 또는 환경도 아닙니다. 그렇다면 선생님의 저작은 어떻게 타자l'Autre의 문제를 고려합니까? 타자성은 정말 사랑과 정치라는 유일한 가장자리에서 출발하여 사유될 수 있을까요? 뭔가 부족한 것이 없을까요?

**바디우** '타자'에게서 문제를 보지 않는 것이 바로 내 철학이 지닌 중요한 특징입니다. 타자성, 그것은 그저 있는 것입니다. 모든 것은 모든 것과 차이를 지니고, 모든 것은 모든 것과 다릅니다. 나는 근본적으로 다수의 존재론 안에 있기에, 차이와 타자성은 나의 출발점이 됩니다. 그것이 존재의 체제인 것이죠. 어떤 점에서, 타자성은 나의 문제가 아닙니다. 관계의 문제는 다른 이야기인데, 말하자면 다른 항목들 사이에 관계가 있는 것은 타자성이 있기 때문이 아니라는 것이죠. 나는 나의 존재론이 본래 관계를 배제한 타자성의 존재론이라고까지 말할 것입니다. 따라서 존재의 수준에서 관계란 없습니다.

　나는 출현l'apparaître의 층위에서만 관계를 도입합니다. 그것은 세계의 범주이지, 존재의 범주가 아닙니다. 거기서 출발하여, 나의 관심을 끄는 것은 타자성 그 자체가 아닙니다. 서로 다른 두 항목이 동일한 상황 속에 존재하고, 무언가를 공유한다는 사실은 무엇을 의미할까요? 바로 거기에 내 관심이 있습니다. '공통의-것

l'en-commun' 말입니다. 존재의 무정부 상태anarchie인 타자성이라는 욕조 속에 잠긴 존재론적으로 구분되는 두 항목이 그럼에도 불구하고 어떤 공통의en commun 것을 가질 수 있는 것은 대체 어찌된 일일까요?

**타르비** 어떤 공통의 것을 가지는 것은 또한 소통하기 시작하는 것입니까? 이 소통은 어디까지 갈 수 있을까요?

**바디우** 실제로, 내가 갈수록 더 옹호하는 테제 — 사실 전적으로 플라톤적인 테제죠 — 는 두 주체, 두 개인이 진정으로 소통하도록 하는 조건들과 관련됩니다. 두 개인이 실제로 소통한다는 것은 확실히 그리고 명시할 수 있는 방식으로 그들이 서로 관계를 맺고 있다는 것을 의미합니다. 그들은 어떤 상황 속에서도(전체는 분리된 다수성들로 이루어지기 때문에) 정상적인 관계, 외재성exteriorité의 기계적인 관계 안에 있는 것만이 아닙니다. 나는 그 점에 대해 상당히 근본적인 테제를 도입했다고 생각합니다. 이념의 표지 아래에서만 진정한 소통이 있을 수 있다는 테제가 그것입니다. 인간 동물들은 서로가 진리의 절차 안에 합체되어 있는 한에서만 소통할 수 있습니다. 진리들과 마찬가지로, 소통 역시 예외적인 현상입니다. 이러한 예외성에 속하지 않는 것들에게는 실제로 소통이 없습니다. 단지 그저 그런 것들의 출현으로 이루어진 세계 속에서 모두의 생존으로 규범화된 기초적인 관계만을 맺을 뿐입니다.

그러므로 두 개인이 동일한 주체에, 동일한 진리의 주체에 함께 속해 있을 때, 개인은 타자의 필연성을 실제적으로 내면화하게 된다고 나는 생각합니다. 사랑은 이런 유형에 속하는 첫 번째 경험입니다. 사랑의 절차에 합체된 개인들은 실제적인 나눔partage, 실제적인 소통 속에 있으며, 그런 경우에 소통은 합리적이거나 쉬운 어떤 것으로 간주되어서는 안 된다는 점에 주목해야 할 것입니다. 소통은 그 자체로 사랑의 노고 안에서 있습니다.

일반적으로, 진리의 절차에 덮이고 둘러싸인 인간 개인들 사이에서 나눔과 소통이 실제로 실존하는 것은 독특한 경험입니다. 결국 그런 의미에서 타자성의 일반 이론은 없습니다. 각각의 경우에 따라, 형상들에 대한 언제나 독특한 이론이 있을 뿐인데, 그 형상들 안에서 우리는 이념의 표지 아래 소통합니다. 따라서 오로지 이념의 표지 아래에서만 소통이 있습니다. 예를 들어, '공산주의'는 공통적인 것le commun을, 공통의-것l'en-commun을 말하는 단어입니다. 그러나 그것은 공통의-것의 존재론을 가리키는 것이 아니라, 그 내부에서 소통을 실제적으로 만드는 진리 절차의 예외적 성격을 확장하려 노력해야 하는 필연성을 가리킵니다.

그러한 조건에서, 우리는 소통의 간단한 예를 들 수 있습니다. 말하자면, 사랑의 절차에 연루된 두 사람, 또한 진정으로 그리고 깊이 수학적인 문제를 토론하는 몇 사람, 연극의 관객, 정치적 시위에 참가하는 사람들, 같은 그림을 바라보는 두 사람 등의 예겠지요.

**타르비** 이제 '주체'에 대해 이야기해보지요. 선생님은 그 개념을 매우 특별해 보이는 의미로 이해하십니다. 무슨 말이냐면, 어쨌든 주체는 정신적인 개별성이 아니라는 것입니다. 선생님께서는 '주체'라는 말이 무엇을 의미하는지 정확하게 말씀해주실 수 있겠습니까?

**바디우** 그 점을 명확하게 하기 위해서, 사랑에서 출발하여 일반화하도록 합시다. 우리가 열렬한 사랑을 알고 있다고 가정해봅시다. 그리고 누가 그 사랑의 주체인지 자문해보도록 합시다. 첫 번째 길은 두 주체가 있다고, 즉 사랑하는 두 개인이 있다고 말하는 것입니다. 다른 길은 주체가 없다고 말하는 데 있습니다. 그보다 내 주장은 세계와의 대면 속에서 나누어지는 어떤 경험, 둘의 경험이 있기에, 실제로는 한 주체un sujet의 구축이 있다는 것입니다. 그러므로 두 개인의 단순한 합이나 집합체로 환원되지 않는 사랑의 한 주체가 있는 것입니다. 이제 일반화해봅시다. 사건의 우연적인 조건들—예를 들어 봉기와 같은—속에서 어떤 과정, 어떤 진리 절차가 시작됩니다. 그때, 그 절차에 합체되는 개인들은 모두 하나의 주체를 이룹니다. 하나의 주체는 각양각색의 형태를 띨 수 있습니다. 20세기에는 정당, 계급, 프롤레타리아가 주체로 사유되었습니다. 이 모든 경우, 분명한 것은 '주체'란 진리 절차와 함께 돌연히 나타나는 어떤 것, 그 절차의 방향을 설정하는 어떤 것을 지칭한다는 점입니다. 문제가 되는 것은 개인들 그 자체가 아닙니다.

나는 방향 지어지고 문제들을 해결하는 한에서의 모든 진리 절차가 주체로 간주될 수 있다는 점을 보여줌으로써 어떤 체계화를 제안했습니다. 따라서 우리는 '진리의 주체'에 대해 말할 것입니다. 당신이 회화전繪畫展에 가서 어떤 그림에 매료될 때, 당신은 예술적인 정황 속에서 한 진리 절차에 합체incorporation되는 과정 안에 있는 것입니다. 어떤 관점에서 보면, 예술 작품이 드문 것이라 해도, 그것은 빈번한 경험입니다. 그런 경험으로 말하자면, 합체의 경험은 빈번합니다. 중요한 것은 주체화의 경험입니다. 다시 말해, 그 절대적인 독특성 속에서, 세계를 이루는 요소로서의 인간 개인은 출현하는 진리체corps de verité의 일부가 됩니다. 이러한 진리체의 출현의 상징 또는 현현이 곧 관조되는 예술 작품입니다.

**타르비** 선생님은 그럴 때 주체가 어떤 불멸성을 경험한다고까지 주장하십니다.

**바디우** 맞습니다. 나는 주체가 이러저러한 방식으로 진리에 속하는 무언가에 참여할 때, 주체는 어떤 불멸성을 경험한다고 주장합니다. 그것이 의심의 여지없이 불멸적이지 않은 개인들과의 큰 차이죠! 합체는 잠재적이지만 실제적인 일종의 불멸성을 드러냅니다. 왜냐하면 진리의 절차는 그 생산물과 결과 안에서 영원히 활용 가능하기 때문이지요. 내가 활용 가능하다고 말하는 것은 주체화의 절차에 대해 활용 가능하다는 것입니다.


## 남성의 입장/여성의 입장, 사랑과 섹슈얼리티


**타르비** 선생님에게 남성적인 것과 여성적인 것의 차이는 실제로 의미가 있습니다. 남성적 입장과 여성적 입장이 있다는 것이죠. 선생님은 '남성'의 입장에 대해 명령과 부동성을, '여성'의 입장에 대해 방랑과 이야기를 말씀하십니다. 충돌이라는 틀 안에서, 선생님은 남성을 말이 없고 폭력적인 것으로, 여성을 수다스럽고 요구가 많은revendicative 것으로 기술하시지요. 그렇다면 남성적인 것과 여성적인 것은 정말 실존하는 것인가요?

**바디우** 나는 남성적인 것과 여성적인 것의 정의가 사랑의 절차의 내부 자체로부터 부여될 수 있다고 생각합니다. 두 성sexes을 창조하고, 드러내는 것이 바로 사랑입니다. 물론 나는 다른 모든 이들처럼 생물학적인 성차가 있다는 것을 압니다. 그러나 만일 우리가 진리의 문제에 관심을 가진다면, 사랑의 내부에서 '남성'의 입장과 '여성'의 입장이 구축된다는 것을 알게 될 것입니다. 사랑의 내부에서 볼 때, '남성'/'여성'의 입장은 유적인 것입니다. 말하자면 그 입장은 사랑의 관계에 연루된 사람들의 경험적인 성과는 어떤 관계도 없습니다. 나는 동성 간의 사랑이 있을 수 있다는 것을 전적으로 인정합니다. '남성'과 '여성'이라는 말들을 통해 나에게 문제가 되는 것은 단지 사랑의 절차에 내적인 입장들입니다. 그리고 나는 그 입장들의 놀이가 보편적이라고 생각합니다. 사랑의 절차에서, 그 입장들은 경우에 따라 바뀔 수도 있으며, 각각에게 비가역적인 방식으로 할당됩니다. 정황들에 따라서, 한 사람은 분쟁 속에서 더욱 여성적일 수 있고, 다른 한 사람은 평화의 시간 속에서 훨씬 더 남성적일 수 있습니다. 그러나 각자의 입장은 형식적으로 정의 가능한 것으로 남습니다.

형식적으로, 이 입장은 극성polarité의 함수로 정의됩니다. 분리separation와 그 분리에 맞서는 싸움이라는 극성 말입니다. 만약 분리가 없다면, 분리에 맞서는 끊임없는 싸움은 없을 테죠. 그러나 그 역도 참입니다. 만약 분리에 맞서는 싸움이 없었다면, 분리는 없을 테죠. 남성적 입장에게, 만약 분리에 맞서는 싸움이 있다면, 분리는 있어야만 합니다. 여성적 입장은 오히려 분리에 맞서는 싸움에 집중됩니다. 말하자면 분명히 분리가 있지만, 분리에 맞서는 싸움이 우선 필요하다는 것이죠. 그래서 남성은 여성에게 언제나 떠나가버릴 누군가로, 또는 떠나가는 누군가로 보입니다. 문학은 그러한 극성으로 채워지지요. 그것이 물론 사랑이 실존하지 않는다는 것을 의미하는 것은 아닙니다. 그것은 사랑이 줄곧 이러한 내부적인 분리라는 극성의 실존을 상기시킨다는 것을 의미하는데, 이것이 사랑으로 하여금 분리에 맞서 싸우는 것을 막지는 않습니다. 베케트의 《이제 그만Assez》에는 그 점에 관해 매우 멋진 것들이 있습니다. 결국에 가서 여인은 남자가 원했기에 마침내 그를 떠났다고 말합니다. 이 멋진 역설은 사랑에 내적입니다.[7]

그렇게 우리에게는 분리와 비-분리의 변증법적 실행이 있습니다. 남성성 안의 무언가는 분리의 관점에서 비-분리를 이해합니다. 여성성 안의 무언가는 비-분리의 관점에서 분리를 이해합니다. 우리는 남성과 여성 각자의 입장들이 수미일관하다는 점을 밝힐 수 있습니다. 그 입장들은 사랑에 내재적입니다. 우발적이고 통계적인 양상 속에서가 아니라면, 그 입장들이 경험적인 성과 맺는 관계는 쉽게 안정화될 수 없습니다. 우리가 말할 수 있는 모든 것은 남성적 입장la position masculine을 차지하는 것은 꽤 자주 남자l'homme라는 점입니다. 그러나 그것은 더 이상 철학자의 흥미를 많이 끄는 사실이 아닙니다. 차라리 사회학자들의 관심을 끌겠죠.

---

7 사랑과 분리에 대한 바디우의 베케트 해석에 대해서는 바디우, 《베케트에 대하여》, 서용순 옮김, 민음사, 2013, 129-134를 참고하라. — 옮긴이

**타르비** 선생님은 그런 의미에서 '남성'의 입장이 이렇게 정의된다고 말씀하십니다. "참이 될 것은 우리는 둘이었고 결코 하나가 아니었다는 것이다." '여성'의 입장은 다음과 같이 정의됩니다. "참이 될 것은 우리는 둘이었고, 그렇지 않으면 우리는 있지 않았다는 것이다."[8]

**바디우** 내가 방금 말한 것이 당신이 인용한 그 말과 거의 같은 것이죠. 그렇지 않습니까? 하지만 약간은 압축적이라고 해도 그 말이 더 낫죠.

**타르비** 선생님께서 사랑이 이성애적 원리에 의한 것이라고 말씀하시는 것은 그 두 입장들의 중요성 때문입니까?

**바디우** 사랑이 이성애적이라고 말하면서, 내가 강조하고 싶은 것은 바로 사랑 안에서 언제나 구분되는 두 가지 입장들이 포착되고, 그때 파트너들의 경험적인 성이 무엇이든 관계없다는 것입니다. 그 두 가지 구분되는 입장들은 둘의 무대의 구조화를 끌어들입니다. 그 입장들은 둘을 단지 수적인 둘만이 아닌 이질적인 둘로 간주합니다. 분명히 우리는 거기에서 수적인 둘을 보지

---

8  "Qu'est-ce que l'amour?", dans *Conditions*, Editions du Seuil, 1992, p.269(한글 번역본, 알랭 바디우, 〈사랑이란 무엇인가〉, 《조건들》, 이종영 옮김, 356-357쪽).

만, 그것은 또한 질적인 둘이기도 합니다. 다시 말하건대, 나는 동성애적 사랑이 있다는 사실을 절대적으로 인정합니다. 나는 매우 지속적이고, 매우 정열적이었던 동성애적 사랑의 존재를 알고 있습니다. 그러나 그 사실로 반론이 성립되지는 않습니다. 실제로 우리는 항상 동성애적 관계 안에서 서로 다른 두 입장들을 언제나 구별합니다. 모두가 여기서 '남성'의 입장과 '여성'의 입장을 말하는 것에 대해 동의할 것입니다. 그래도 우리는 그 입장들을 다르게 부를 수 있을 것입니다. 그것은 문제가 되지 않습니다.

내가 '이성애적'이라고 말할 때, 어쨌든 나는 '다른 것들heteros'을 강조하고 싶습니다. 이런 문제에는 타자가, 성 구분된 타자가 있습니다. 나는 라캉의 유명한 정식을 빌려오는 데까지 나아가지는 않겠습니다. "나는 여자를 사랑하는 사람을 누구든 이성애자라고 부른다"라는 정식 말입니다. 이는 모든 레즈비언들을 이성애자의 편에 놓는 것이나 다름없지요! 나는 동시에 그 정식을 어떻게 이해해야 하는지 잘 알고 있습니다. 만일 우리가 성 구분된 입장들의 철저한 현상학을 빌려왔다면, 우리는 여성적 입장이 다른 것들heteros이라는 용어로 가장 잘 번역 가능한 사랑의 관계에 대한 전망을 갖는다는 점을 이해할 테죠. 그것이 의미하는 것이 바로 '우리는 둘이었고, 그렇지 않으면 우리는 있지 않았다'는 말입니다. 여기서 결정적인 것이 바로 '다른 것들'입니다.

**타르비**  마지막으로, 우리에게 결론이 될 것은 다음의 비유일 것입니다. "사랑은 낙타가 바늘귀를 통과하는 것처럼 욕망을 통과

한다."[9]

**바디우** 나는 "사랑, 그것은 존재에의 접근이다"라는 라캉의 정식을 기꺼이 받아들입니다. 문제가 되는 것은 바로 타자의 전체성이지요. 그것은 따라서 거대한 타자성들의 난맥상을 떠맡는 것입니다. 확실히, 우리는 공통의 세계를 구축하는 가운데 이 타자성들을 제어하고자 애씁니다. 그렇다고 해도, 처음부터 사랑을 지나치게 실재화하지 않으면서 우리가 사랑에서 무한을 떠맡는다는 점에는 변함이 없습니다. 이 무한성의 다른 면들을 점진적으로 발견하는 것은 다른 한편으로 보면 사랑의 구축과 관련된 많은 문제들 중 하나지만, 또한 그것이 만들어내는 여러 기쁨들 중 하나이기도 합니다.

그와 반대로, 욕망에서 문제가 되는 것은 언제나 대상에 대한 욕망입니다. 나는 이 점에 대해 라캉에게 동의합니다. 욕망의 대상은 부분 대상입니다. 설령 타자의 몸 어딘가에 이 부분 대상이 존재한다고 해도 말입니다. 욕망에는 본질적인 유한성이 있는데, 그것은 욕망의 원인이 언제나 대상이라는 것과 연관된 유한성입니다. 그런데 사랑이 원인이 되는 것은 대상이 아니라 존재입니다. 그리고 사랑의 관점에서 보면, 욕망에는 무언가 협소한 것이 있습니다. 그래서 나는 사랑이 욕망의 바늘귀를 통과해야 한다고

---

9 같은 책, p.265(번역본 351쪽).

말하는 것입니다. 사랑은 그것을 통과해야 합니다. 승화된 사랑, 플라톤적 사랑은 유지되지 않습니다. 사랑은 욕망을 가로질러야 한다는 것을 모두가 압니다. 사랑에게 필요한 것은 자신의 고유한 거대함을 매우 고정적이고 협소한 무엇 속으로 통과시키는 것입니다.

사랑의 섹슈얼리티가 갖는 위대함─그것이 실존할 때─과 그 실패의 형상들은 사랑의 명제와 활동성의 섹슈얼리티 사이에 불균형이 있다는 사실에 기인합니다. 문제는 이런 불균형이 완화된 섹슈얼리티를 구축하는 데 있을 것입니다. 그 둘이라는 마법적 세계에 걸맞은 섹슈얼리티를 창안하고 지속시킴으로써 그 불균형은 가능한 한 치유될 것입니다. 부부의 섹슈얼리티가 아이들을 낳는 것에 제한되는 고전적인 가족 모델을 채택하는 것을 제외하고 말입니다. 그런 모델에 채택될 때 그것은 상태에 의한 질식입니다! 그리고 그 경우에 분명한 것은 사랑이 자기 자신을 저버린다는 것입니다.

결국 사랑에 빠지는 경험은 존재와 대상, 그리고 무한과 유한성을 대면시키기 위한 좋은 수단입니다. 문제가 되는 것은 그런 것들을 분리 속에서 대면시키는 것이 아니라, 그들을 결합시키는 가능성 안에서 대면시키는 것입니다. 그것을 구성하는 절차 속에서, 사랑은 사랑과는 다른 질서에 속한 무언가를 통과해야 합니다.

3장

# 예술

# 예술적 조건의 독특성

**타르비** 선생님에게 예술은 철학의 네 가지 조건들 중 하나입니다. 이 조건은 어떤 점에서 특수한 방식으로 철학적 사유에게 질문을 던질까요?

**바디우** 예술적 조건의 독특성에 관해서 분명히 해둬야 할 첫 번째 점은 철학이 예술과 유지하고 있는 관계의 독특성을 앞서 증명한다는 것입니다. 예술의 세계는 진리들 안에 다수성이 현전한다는 것을 보여주는 탁월한 예입니다. 예술적인 다수는 요컨대 위대한 정치적 시퀀스들(진리들의 창안이라는 기능을 가진 시퀀스들)의 아주 드문 성격에 대비되는 것이고, 또한 거의 편재하는 사랑의 절차와도 구별됩니다. 예술과 예술들, 조형예술들의 관계는 게다가 철학에서 전적으로 고전적인 문제입니다. 음악, 회화, 조각에 공통적인 원리는 정확하게 무엇인가? 그것이 바로 철학자들을 오래전부터 괴롭혀왔던 질문입니다. 그 질문은 일반적으로 예술들의 분류 형태, 예술들 사이의 가능한 위계의 전통적 형태를 따릅니다. 다른 모든 예술들을 요약하는 예술, 최고의 예술이 있을까요?

나는 어찌 보면 존재론적인 이유 때문에 이런 문제들에 관심이 있습니다. 말하자면, 그 문제들이 존재론의 기초적 항목인 '다수성'과 그와 반대로 순수한 독특성에 속하는 항목인 '사건' 그리고 복수인 동시에 각각이 절대적으로 독특한 '진리들' 사이의 관계에 개입하기 때문입니다. 그 토대를 밝혀내기가 아주 어려운 이상한 다수성으로 인해, 예술은 전적으로 특수한 방식으로 그 문제들을 제기합니다. 다수성을 의미들의 다수성으로 되돌리는 것은 그다지 만족스럽지 않아요. 실제로, 분류의 어떤 원칙도 다수성을 소진시키지 않습니다.

두 번째 점은 예술이 그 핵심에 존재와 출현의 관계에 대한 문제를 포함한다는 점에 주목하는 데 있습니다. 예술적인 효과는 절대적으로 감각적인 것 안에 있습니다. 다시 말해 그것은 바로 우리가 보고, 듣는 것입니다. 우리는 출현의 질서, 나타나는 것의 질서 안에 있습니다. 그렇지만 우리는 약간은 베일에 싸인 무언가, 본질적인 무언가가 있다는 느낌을 맛봅니다. 나의 전문용어를 사용하자면, 나는 존재론과 논리학 사이의 관계에 대해 이야기하는 것이겠죠. 어쨌든 이 질문은 철학이 시작된 이래로 어떤 문제를 제기합니다. 그렇게 모방적 예술에 대한 플라톤의 의심은 외관에 대해 그가 갖는 의심의 한 측면에 불과합니다. 이와 반대로, 헤겔에게 예술은 이념의 감각적 형식입니다. 다시 말하면, 그것은 절대 이념 그 자체의 거의 물질적인 현전 가능성에 대한 전형적인 변증법적 예입니다.

**타르비**  그러나 예술은 언제나 여러 특수한 문화에 뿌리를 두고 있는 것이 아닐까요? 하지만 철학은 보편적인 것을 잊어버리지 않습니다.

**바디우** 철학이(특히 이 경우에는 나의 철학) 예술에 관심을 갖는 세 번째 이유는 보편적인 것과의 관계와 연관되어 있습니다. 그것은 지극히 복잡한 문제지요. 다른 절차에 비해 예술은 확실히 다양한 문화, 언어, 역사성과 가장 밀접하게 얽혀 있습니다. 시는 특수한 언어를 통해 주어집니다. 예술은 또한 종교, 예술사, 문화적 독특성들과 뒤섞이지요. 최고의 예술 또는 일차적인 예술이 있는가? 유일한 예술사가 있는가 아니면 여러 가지 예술사들이 있는가? 서양 예술과 중국 예술의 관계란 정말 있는가? 이런 질문들은 예술과 인류학, 문화, 인간적 독특성들 사이의 관계에 속합니다. 예술의 보편성이 어디에 뿌리를 내리는지를 결정하는 것은 그렇게 복잡해지지요.

　요약하자면, 나는 예술이 세 가지 층위에서 철학의 개념에게 질문을 던진다고 말할 것입니다. 첫째, 다수성의 층위. 특히 인상적인 방식으로, 여러 가지 예술이 있습니다. 둘째, 존재와 출현의 관계. 예술은 감각적인 것과 가장 많이 얽혀 있는 진리 형태입니다. 마지막으로, 보편성과 상대성 사이의 관계 문제. 그 환원 불가능한 문화적 다수성을 고려하여, 예술을 보편성에 대한 도전으로 제시하는 것은 오늘날 일반화된 주제입니다. 대중 예술과 대조되는 '위대한 예술'이란 있는가? 그런 것들은 이제 단언하기 어려워

보입니다. 예술이 현 시대의 상대주의의 근원들 중 하나라는 점은 그렇게 설명됩니다.


## 사건과 예술적 주체


**타르비** 우리는 선생님에게 있어 모든 것이 사건으로부터 시작된다는 것을 알고 있습니다. 그렇다면 예술적 사건이란 무엇입니까?

**바디우** 예술적인 사건들은 거대한 변동들인데, 거의 언제나 형식의 가치를 갖는 것과 갖지 못하는 것을 밝히는 질문에 걸쳐 있습니다. 예술사, 특히 서양 예술사는 그러한 변동 이전까지 형식의 세계에서 미완성이고, 비정상적이며 낯선 것으로 간주되었던 것들을 형식의 영역에 점진적으로 합체하는 역사입니다. 회화에서 추상을 향한 운동 또는 음악에서 조성의 변경을 향한 운동이 그런 것들입니다. 예술적 사건은 예술에서 벗어난다고 간주되었던 영역의 형식으로의 도래 또는 형식적 격상입니다. 실제로 그때까지 눈에 띄지 않았거나 부정되었던 형식적 영역의 창안이 있습니다. 쇤베르크에 의한 무음조 음악의 창안, 비구상적 회화의 가능성의 도래, 또한 하이든과 모차르트를 경유하는, 18세기 전체를 지배하게 될 조성적調聲的 형상 안에 있는 고전음악이 문제가 될 때, 나는 형식적 가능성의 확장이 위대한 예술적 사건들의 핵심을 구성한다는 사실에 강한 인상을 받습니다. 예술적 사건은 새로운 형식들의 도래에 의해 알려집니다.

**타르비** 그렇습니다. 그러나 그러면 예술적 주체란 무엇입니까? 사건을 만들 능력이 있는 혁신적인 예술가입니까?

**바디우** 더욱 까다로운 질문이군요. 고전적으로, 우리는 주체가 창조자라고 생각합니다. 그것은 낭만주의에서 절정에 이른 예술가의 모습이지요. 18세기에 음악가들은 여전히 장인이고 거의 제조업자에 가깝다는 점은 놀라운 일입니다. 창조의 준-집단적인 측면조차 있습니다. 바흐와 같은 사람은 19세기적 의미의 천재적인 예술가라기보다는, 오히려 성실한 장인으로 여겨집니다. 예술가적 주체의 도래는 낭만주의의 발생과 부분적으로 공외연적coextensif입니다. 그 최초의 표준적 인물들이 베토벤과 슈만입니다. 우리는 회화에서와 마찬가지로 음악에서 더욱 고독한 인물들이 등장한다는 것을 잘 느낍니다.

　나는 이러한 관점을 완전히 전복시킬 것을 제안합니다. 실제로, 예술가는 완전히 경험적인 의미에서만, 그가 작품의 생산자라는 의미에서만 주체입니다. 그러나 흥미로운 것은 주체가 어디에 있는가를 작품의 출처나 기원이 아닌 작품 안에서 결정하는 것입니다. 나는 예술적 사건을 통해 예술 안에서 구성된 주체란 정확하게 작품들의 체계라고 사유할 것을 제안합니다. 예술적 주체는 작품들 또는 작품군으로 구성됩니다. 예를 들어 20세기 초에 있었던 음악적 전복을 보십시오. 주체를 이루는 것, 청중의 음악적 주체성을 전환하는 것, 그것은 작품들의 체계입니다. 나는 작품들이 —하나의 작품이 아닌 체계— 새로운 주체성을 구성한다는 configurent 사실을 가리키기 위해 '구성configuration'이라는 용어를 제안했습니다.

그래서 합체의 규약(모든 다른 유형의 주체들, 즉 학자, 정치가, 연인들에게 그런 것처럼)이 등장합니다. 작품을 듣거나, 듣고자 시도하는 사람은 자신의 개별성을, 그가 예술과 맺는 관계를, 자신의 특수한 청취(법)를 바꿔야 할 것입니다. 이 전환은 어떤 주체성에 합체되는 것입니다. 그러므로 주체는 새로운 청중을, 더 정확히 말해 새로운 청취자를 창조하는 것이지, 단지 새로운 창조자들 또는 새로운 예술가들을 창조하는 것이 아닙니다. 게다가 그러한 합체의 어려움이야말로 오늘날 음악의 문제들 중 하나입니다. 그러나 그 어려움은 이미 다른 시대에도 있었습니다. 상징주의적인 또는 말라르메적인 시에 대해서도 그것은 명백히 그러했습니다. 우리는 거기서 빅토르 위고의 시 독자와 관련하여 어떤 단절이 있음을 관찰합니다. 게다가 그 시대는 그 단절을 의식하고 있었습니다. 오늘날에도 또한, 우리는 현대음악의 청취자가 상대적으로 드물다는 것을 압니다. 동시대 음악이 청취자를 창조하는 과정은 느리게 진행됩니다.

**타르비** 사건, 주체…… 하지만 그때 우리는 어디에서 예술적 진리를 찾아내나요? 무엇을 통해 예술은 진리의 능력을 갖는 것입니까?

**바디우** 여기서 진리는 예술의 그러한 변동들이 만들어내는 사건적 결과들의 유적인 집합입니다. 그것은 어떤 결정된 예술의 시퀀스인 것이지요. 예를 들어 음렬 음악을 통해 발견된 음향 수단의 진리가 있습니다. 다른 조건들보다 예술에서 더욱 뚜렷이 드러나는 흥미로운 점은 사건적 변동이 이전에 있었던 시퀀스로부터 진리를 만들어낸다는 것입니다. 예를 들어, 쇤베르크가 제안한 무조 음악이 조성tolanlité 그 자체가 이르렀던 지점에서 진리를 만들어낸다는 것은 절대적으로 분명합니다. 실제로 쇤베르크는 어떤 점에서 바그너의 또는 말러의 진리를 생산합니다. 바그너나 말러는 조성이 그 자체로 지속될 수 없는 지점에서 조성을 붕괴시키는 인물들로 나타납니다. 그 지속의 불가능성은 새로운 음악적 창안을 통해 확인되고 인정됩니다. 그렇게 사건은 사건이 일어나는 상황 자체에 대한 이해 가능성을 향해 열립니다. 12음계 음악 그리고 음렬 음악은 조성적인 시퀀스 전체에 대한 결정적 진리를 생산하는 동시에 그 시퀀스를 닫아버립니다.

이 현상, 이 소급의 구조는 예술에서 특히 명확합니다. 사실상 우리는 현대음악이 있기 때문에 고전음악과 낭만주의 음악의 조성적 토양이 무엇인지 잘 알고 있습니다. 마찬가지로 우리는 사람들이 비구상적 회화를 받아들인 순간부터 회화적 재현이 무엇이었는지 압니다. 피카소Picasso와 브라크Braque의 시기, 즉 위대한 입체주의의 시기인 1912~1913년의 회화를 보십시오. 그 시기와 재현의 관계는 없어지지 않지만(우리는 여전히 기타, 담뱃갑 등을 구분합니다), 그 관계는 닫힙니다. 이는 같은 것이 아닙니다. 우리는 더 이상 모방 안에 있지 않고, 재구축 안에 있습니다. 이러한 가시적인 것의 재구축은 기하학적 형식들로부터, 원근법la perspective의 배치가 아닌 공간 내부의 배치로부터 이루어집니다. 그것을 닫는 동시에, 재구축은 이전의 재현 시스템이 무엇이었는지 가리킵니다. 하나의 진리는 그 진리가 개입하는 상황의 진리라는 것, 그리고 동시에 그 진리가 그 상황과의 단절을 선언한다는 것, 그것이 예술이 우리에게 다른 절차들보다 더 잘 보여주는 교훈입니다. 설령 우리가 과학의 어떤 측면에서도 역시 그것을 본다 해도 말입니다.

**타르비** 그러므로 창조자와 관람객은 독특하기는 하지만 비인격적인 주체에, 새로움, 돌발, 사건에 의해 방향 설정된 작품들의 집합에 스스로를 합체하게 할 수밖에 없는 것입니까?

**바디우** 절대적으로 그렇습니다.

**타르비** 제 생각에 어쨌든 우리가 주체와 개인을 동일시한다면—그런 것이 우리의 자연스러운 경향이죠—그러한 사유는 상당히 파악하기 어려울 것 같습니다. 선생님께서 그 점을 정확하게 설명해주실 수 있겠습니까?

**바디우** 실제로, 창조자는 그런 작품 활동 속에 없습니다. 무게 중심은 그가 아니지요. 따라서 나의 관심은 한편으로는 작품에, 다른 한편으로는 청중 또는 관객에 있습니다. 나는 그런 점에서 말라르메주의자입니다. 말하자면 창조자는 사라지는 원인이지요. 물론 창조자는 작품에 포함되기에 원인이지만, 사라지는 원인입니다. 우리는 그로부터 아무것도 얻지 못합니다. 작품과 관련하여 무엇이건 발견하기 위해 창조자의 영혼을 주의 깊게 조사하는 것, 그것은 아무것도 얻지 못했던 시도입니다.

**타르비** 그런 점에서 선생님은 물론 예술 작품의 비밀을 예술가의 인격에서 찾는 사람들을 계속해서 비판했던 들뢰즈에게 동의하시겠지요?

**바디우** 전적으로 그렇습니다. 그리고 다른 여러 사람들도 그랬지요. 그것은 오늘날의 이념입니다. 결국 일종의 작품의 익명성,

또는 작품 내에서의 창조자의 사라짐이 있는 것이죠. 말라르메가 말하는 것처럼 "주인은 없"습니다. 주인은 "지옥의 강Styx에 눈물을 길러 갔"습니다.

**타르비** "무가 자랑하는 이 물건만 가지고……"[1]

**바디우** 바로 그거죠. 무가 자랑하는 유일한 물건이란 시 그 자체입니다.

**타르비** 하지만 이름의 함축성은 대다수의 사람들에게 아주 강합니다. 어떤 음악과 마주할 때, 많은 사람들은 그들이 예술의 익명적 시퀀스를 마주하고 있다는 점을 인정하기 어려울 것입니다. '이건 모차르트고, 이건 베토벤이네'라고 말하겠지요. 그들은 그것이 모차르트의 음악이고, 베토벤의 음악이기 때문에 음악을 사랑하게 될 것입니다.

**바디우** 그 점을 명확히 설명하기 위해서 나는 기꺼이 정치적인 유비를 들어보려 합니다. 레닌적인 또는 볼셰비키적인 시기의 정치적 주체는 당입니다. 그런데 당이란 무엇입니까? 그것은 바로 정치적 과정의 방향을 설정하는 것이지요. 당은 그 당이 시도하고 착수하는 행동들의 집합 이외에 아무것도 아닙니다. 만일 당을 형식론으로 단순화해본다면, 우리는 당을 당의 지도자로 환원하게 됩니다. 그것은 실제 있었던 일입니다. 사람들은 말했습니다. 당, 그것은 스탈린이라고. 다르게 보면, 그것은 12음계 음악, 그것은 쇤베르크라고 말한 것과 같습니다. 여기에서 그 고유명은

1  바디우와 타르비가 주고받는 이 구절은 말라르메가 1887년에 쓴 제목 없는 소네트에서 가져온 것이다. 이 소네트는 yx로 끝나는 각운 도식을 갖는 까닭에 흔히 'yx 각운의 소네트'라고 불린다. 이 시는 황현산 선생의 탁월한 우리말 번역을 통해 소개되어 있다. 시의 전문은 다음과 같다.

> 제 순결한 손톱들이 그들 줄마노를 드높이 봉정하는
> 이 한밤, 횃불 주자, 고뇌가 받들어 올리는 것은
> 불사조에 의해 불태워진 수많은 저녁 꿈,
> 어느 遺骨 항아리도 그를 거두어들임이 없고
>
> 빈 객실의, 장식장 위에는, 공허하게 울리는
> 폐기된 골동품, 소라껍질도 없다
> (無가 자랑하는 이 물건만 가지고
> 주인이 지옥의 강으로 눈물을 길러 갔기에).
>
> 그러나 비어 있는 북쪽 십자창 가까이, 한 황금이,
> 필경 한 水精에게 불꽃을 걷어차는
> 일각수들의 장식을 따름인가, 모진 숨을 거두고,
>
> 그녀, 거울 속에 裸身으로 죽었건만,
> 액틀로 닫힌 망각 속에는 붙박인다
> 이윽고 반짝임들의 七重奏가.
>
> – 말라르메, 《시집》, 황현산 옮김, 문학과지성사, 2005, 111쪽.

이 시의 번역에 대한 옮긴이의 주해는 《문예중앙》 2012년 겨울호(황현산, 〈시를 번역하는 일〉)에 실려 있다. 시 번역에 대한 이 탁월한 논의를 자세히 검토하는 것은 무척 유익한 일이다. – 옮긴이

대체물로 개입합니다. 고유명은 우리가 주체에 대해 말할 수 있는 것을 정확하게 알지 못한다는 사실을 증언합니다. 왜냐하면 주체는 작품들 그 자체의 과정이기 때문입니다. 그런 것이 특히 예술에서 볼 수 있는 것이고 예술의 관심이 차지하는 큰 부분을 구성합니다.

정치에서 개인숭배가 있었던 것과 동일한 방식으로, 창조자에 대한 숭배가 있었고, 그것이 다른 한편으로 인물에 대한 정치적 숭배를 예고했습니다. 실질적으로 스탈린은 정치에서의 베토벤이나 모차르트로 이해되었습니다. 이러한 창조자의 물신화는 완전히 헛된 것이고, 일어나는 것에 대한 근원적 이해로 대체됩니다. 만약 모든 물신화가 제거된다면, 그때 우리는 예술적 시퀀스 앞에 적나라하게 서게 되고, 그 시퀀스가 어떻게 합체를 통해 개인들을 바꾸어놓는지 밝히는 문제가 제기됩니다.

## 예술적 합체

**타르비** 그렇죠. 선생님께서 그 합체에 대해 더 자세히 설명해주셨으면 합니다. 예술의 주체는 따라서 비인격적인 것입니다. 어떻게 우리는 어떤 과정 안에, 어떤 비인격적 절차 안에 합체됩니까?

**바디우** 우리가 이해해야 하는 것은 작품들이 새로운 예술적 시 퀀스를 구성해낸다는 점입니다. 그 구성 안에서, 주어진 예술의 상황에서의 유적인 진리는 점진적으로 이해 가능합니다. 개인들 은 그 예술에 관계하는 방식 안에서의 변동을 통해 그 진리에 합 체됩니다. 그러한 변동은 작품을 정의하고 보고 듣는 방식에 대 한 것이지요. 음악을 듣는다는 것은 무엇인가? 그림을 본다는 것 은 무엇인가? 나의 관심을 끄는 것은 이러한 질서의 변동으로서, 사실상 창조자를 가장 먼저 사로잡는 변동입니다.

**타르비** 그렇다면 예술적 주체성이란 새로운 것을 보고 듣는 것 으로 귀착되는 것입니까?

**바디우** 나에게 주체성은 이념Idée의 가능성을 통해, 즉 새로운 이 념의 가능성을 통해 알려지는 것입니다. 여기서 이념이라는 말은 요즘 들어 내가 사용하는 어휘로, 아직 출간되지 않은《존재와 사 건》3권에서 사용되는 어휘입니다! 예술에서 문제가 되는 것은 어떤 주어진 예술의 새로운 이념, 즉 회화의 새로운 이념, 음악의 새로운 이념입니다. 그리고 합체는 언제나 그 이념을 받아들임으 로써 이루어집니다. 이념과 관련됨으로써 이전에 듣지 않았던 어 떤 것을 듣거나, 이전에 보지 않았던 어떤 것을 볼 수 있도록 하는 것이 그 이념을 개인적으로 받아들이고, 그 이념에 합체되는 것 입니다. 주체, 그것은 그 이념의 실재le réel입니다. 달리 말하면, 그 이념을 가능하게 하는 것은 작품들의 실존입니다. 그 이념의 실재는 엄밀히 말해 그 시퀀스의 주체인데, 이 주체가 그 이념의 방향을 잡고, 그것을 실존하게 하며, 그것을 실재이게끔 하는 것입니다.

**타르비** 예술의 관점에서 우리 시대를 어떻게 평가해야 할까요? 한편으로는 마치 누구나 예술가인 것처럼 창조의 민주화를 격찬합니다. 이 '민주화'는 예술 작품의 상업적 성격을 강조하게 하고, 다소 이론의 여지가 있는 작품들을 양산하게 하는 것 이외에는 아무것도 아닙니다. 다른 한편으로는, 더 정통하고 더 엄격한 예술적 공간들은 오늘날 가능한 창조일 수 있는 것이 갖는 어떤 선명한 이미지도 지시하지 않습니다.

**바디우** 그것은 더 이상 정확하게 철학적인 문제가 아닙니다. 우리는 거기에서 필연적으로 조절 가능하지 않은 정세 분석의 문제로 들어가게 됩니다! 그럼에도 나는 그 문제들에 대해 두세 가지 정도 이야기해보려 합니다. 우리가 오늘날 겪고 있는 것, 그것은 예술의 영역뿐 아니라 다른 영역들에서도 역시 일어나고 있는 것으로, 20세기 초에 사태의 방향을 바꿔놓았던 빛나는 사건들의 쇠약입니다. 19세기 말부터 20세기 초에 이르는 시퀀스는 모든 예술이 재정립되는 시기였습니다. 조형 예술은 자연적인 모델을 모방하는 재현의 형상이 종언을 고했다고 선언했고, 음악은 조성의 중요성이 종결되었다고 선언했습니다. 바우하우스Bauhaus와 함께, 건축은 17세기 이래 건축을 지배했던 신-고전주의적이고 장식적인 비전과 단절하여 기능적 배치 안으로 진입했습니다. 산문을 도입하고 12음절 시구에 종지부를 찍으면서, 시는 아주 오랜 기간 동안 시의 정의라고 생각되었던 것, 즉 집단적으로 수용되었던 규칙적 리듬의 코드 속에 어구를 배치하는 것과 단절했습니다.

내가《세기Le Siecle》[2]에서 말한 것처럼, 우리는 그 시대에 놀라운 순간이 있었음을 알고 있습니다. 그 순간은 인류 역사의 위대한 창조적 시대들의 차원에 놓여야 합니다. 그리스의 기원전 4~5세기, 유럽의 15~16세기와 닮은 시대죠. 몇 해 동안 창조적 역량이 모든 영역에서 이를테면 무한히 나타났습니다. 단지 회화나 음악만이 그랬던 것이 아닙니다. 그 시대는 아인슈타인의 상대성이론, 현대 대수학의 창안과 정신분석, 영화의 출현…… 등의 시대입니다. 놀라운 일이죠. 그 와중에 칼날처럼 제1차 세계대전이 도래합니다. 그리스에서도 펠로폰네소스 전쟁이 창조적 개화의 시대 한가운데에서 발발한다는 점에 주목해야 합니다.

예술 전체를 아우르는 그런 규모의 변동들이 단지 20년 남짓한 기간 동안만 이어진다는 것을 확인하는 것은 매우 인상적입니다. 그것은 엄청난 폭력적 현상들을 유발했습니다. 실제로 합체―조

---

2  *Le Siècle*, éditions du Seuil, Paris, 2005(번역본,《세기》, 박정태 옮김, 이학사, 2014).

금 전 우리가 사용한 용어를 되풀이하면—의 심원한 습성은 갑작스럽게 근절되었습니다. 예술은 분열되었고, 아방가르드와 그래도 잔존하는 낡은 습성의 부분들 사이에서 명백한 단절이 나타났습니다. 그 시대는 예술적 영역 안에서의 진정한 격동이었습니다. 나는 그 격동의 궁극적인 효과가 여전히 존재한다는 사실을 통해 현재적인 정세를 규정합니다. 그러나 내 생각은 그 격동이 열어놓은 시퀀스가 종결의 와중에 있다는 것입니다. 그것은 '아방가르드의 종말', '포스트모던' 등의 반복되는 주제들 안에서 제시됩니다.

**타르비** '미학적 상대주의'…… '해체' 등의 주제 말씀인가요?

**바디우** 우리는 그 현상에 여러 가지 이름을 부여할 수 있지만, 그런 이름은 모두 위대한 20세기의 야망인, 다른 것의 절대적 시작과 과거의 철두철미한 부정이라는 급진적이고 아방가르드적인 야망이 그 매력과 미덕을 소진해버렸다는 생각으로 수렴됩니다. 그 거대한 야망은 예술이 종말의 시대를 맞았다는 생각, 낡은 지배적인 관념들을 일소하자는 생각에 열중했습니다. 다른 것을 만들려 했던 것이죠. 일소에 대한 그런 생각은 게다가 가장 긴장된 형태의 혁명적 정치의 사고와 유사했습니다.

**타르비** 그렇다면 우리가 오늘날 그리고 가까운 장래에 예술에게서 무엇을 기대할 수 있을까요? 처량하게도 '예술의 종말'이라는 테제에 대한 믿음을 감수하거나ㅡ혹자들이 '역사의 종언'을 믿는다는 것과 마찬가지로ㅡ창안의 동일한 가능성들의 영원회귀 같은 것에 대한 믿음을 감수해야만 합니까? 그렇지 않다면 우리는 예술에 새로운 기획을 부여해야만 합니까? 그렇다면 그 계획은 무엇입니까?

**바디우**  우리는 전적으로 혼란스럽고 불확실한 예술적 상황 속에 있습니다. 왜냐하면 우리는 중간 시대에 있기 때문입니다. 이 시대에 예술의 역량은 무한하게 더 긍정적인 양상 안에서, 실재적 과정들에, 정치의 명제들에 무한하게 더 연결된 양상 안에서 복원되어야 할 것입니다. 어쨌든 내가 보기에 가장 흥미로운 경험들은 과거의 모델들에 대한 일반화된 해체의 길을 지속할 것을 주장하지 않는, 부정에 특수한 미덕을 부여할 것을 더 이상 주장하지 않는 경험들인 것 같습니다. 그것은 사용 가능한 형식적 수단을 통해 현실의 부분을 포착하고자 시도하고, 예술의 형식적 방편 속에서 현대세계에 대한 무언가를 긍정하기를 시도하는 경험들입니다. 필경 영화가 그런 방향의 의미심장한 몇몇 시도들을 제공하고, 마찬가지로 무미건조하지 않은 시적 창조의 몇몇 부분 역시 그렇습니다. 그러나 압도적인 방식으로 결정되는 것은 아무것도 없습니다. 주요한 방향은 없는 것이죠. 그래서 모든 것이 가능한 상황 속에서의 유파나 경험의 다수화가 있습니다. 하지만 우리가 잘 알다시피, 모든 것이 가능할 때 가능한 것은 아무것도 없습니다.

　게다가 이 상황은 예술에 한정된 상황보다 훨씬 일반적인 상황입니다. 그것은 이념의 위기에서 비롯된 중간 상황이죠. 이는 정치의 경우 명백합니다. 공산주의 이념의 위기는 그저 정치적 이념의 위기 자체인 것입니다. 예술에서, 이념의 위기는 예술이 근본적이고 비판적인 방법론을 공급받던 그 시대의 쇠퇴를 통해 나타납니다. 예술은 비판, 특히 예술에 대한 비판이었습니다. 나는 우리가 비판에 대한 비판의 시대로, 예술이 긍정적인 기능을 되찾을 수 있는 시대로 돌아가야 한다고 생각합니다.

**타르비** 결국 선생님께서는 우리의 예술적 시대를 매우 긍정적으로 판단하지 않으시는 겁니까?

**바디우** 한마디로 말해서, 나는 우리의 시대가 위대한 예술적 시대라고는 생각하지 않습니다. 나는 우리의 시대가 분명 흥미롭고, 복잡다단하고, 조화롭지 않은 시대라고 생각합니다. 또한 그것은 탐색과 모호함의 시대이며, 창설적인 사건들—언제나 그렇듯이 미리 계산할 수 없는—을 기다리는 시대입니다. 그런 선례들이 있었습니다. 예를 들어 18세기 중엽, 음악에서는 하이든 이전, 고전주의 양식의 창조 이전에 바로크 음악이 있었고, 회화에서는 신고전주의의 재전유 이전에 프랑소와 부셰François Boucher, 페트 갈랑트les fêtes galantes [3]—장-앙투완 와토Jean-Antoine Watteau가 무언가를 만들어내는 데 성공했지만 — 가 있었습니다. 18세기 중엽은 엄밀한 의미의 고전적 예술이 소진되고, 새로운 것은 아직 진정으로 나타나지 않았던 시대임이 분명합니다. 표준적으로 그 새로운 것은 괴테 이래에 등장한 시의 낭만주의, 음악의 고전주의 양식, 문학의 소설이 될 것입니다. 나는 우리가 그런 종류의 시대에 있다고 생각합니다. 입센Henrik Ibsen이 말하는 것처럼, "낡은 아름다움은 더 이상 아름답지 않고, 새로운 진리는 아직 참이 아닌"[4] 것이죠.

**타르비** 우리는 첫 번째 대담에서 레닌의 생각을 불러온 바 있습니다. 정치적으로 무기력한 시대에 예술은 신비주의와 포르노그래피의 조합이라는 생각 말입니다. 우리 시대에도 그럴까요?

**바디우** 나는 우리가 그 경구를 되풀이할 수 있다고 생각합니다. 필경, 오늘 우리의 시대는 신비주의보다는 포르노그래피가 조금 더 많은 시대일 것입니다. 어떤지 모르겠네요. '종교의 회귀'로 묘사되는 현상이 모두 그런 성격을 띤다고 생각할 수 있을 듯합니

---

3   상류사회 귀족들의 야외 축제 풍경화를 가리킨다. – 옮긴이

4   Henrik Ibsen, Emperor and Galilean(〈황제와 갈릴레아 사람〉), *The Collected Works of Henrik Ibsen*, Vol. Ⅴ, William Heinemann, London, 1911, p.87에서 가져온 말이다. 바디우는 "낡은 아름다움은 더 이상 아름답지 않고, 새로운 진리는 더 이상 참이 아니다(The old beauty is no longer beautiful, and the new truth is no longer true)"라는 입센의 문장을 의도적으로 변형시켜 '새로운 진리는 아직 참이 아니'라고 말하고 있다. – 옮긴이

다. 현재의 정치-미학적 상황은 실제로 종교적인 것의 회귀에, 다시 말해 전통에, 전통의 치명적인 소환에 알맞은 상황이지요. 여기서 그것이 정치, 예술 그리고 결국에는 사람들의 삶과 연관되는 이행기의 양상이라는 점에 대해서는 레닌에게 동의해야 합니다. 이념의 위기가 있을 때, 그런 종류의 것들이 있게 됩니다. 한편으로 그 실존이 가장 잘 알고 있는 장소들(가족, 전통)에서 제 피난처를 찾고, 다른 한편으로 허무주의에 그리고 방탕이라는 가장 매혹적인 형상에 빠져드는 평범한 인간 동물의 긴장이 그것이죠. 만약 당신이 이념의 일관성이라는 표지 아래, 당신 자신인 인간 동물이 그 이념에 합체됨으로써 최소한의 의미 창조라는 표지 아래 살지 않는다면, 당신은 필연적으로 그런 양극성을 가질 것입니다. 코드화된 동물적 전통 안에서 피난처를 구하거나, 아니면 아무 짓이나 하거나 하는 양극성 말입니다.


## 순수 예술 대 대중 예술


**타르비** 선생님께서 순수 예술art savant과 대중 예술 사이의 관계에 대해 어떻게 단언하실지 알고 싶습니다. 대중 예술의 발전은 이 시대 특징들 중 하나인데, 그 발전에는 또한 순수 예술의 실존 자체가 망각되는 위험이 있습니다. 일례로, 많은 사람들이 로큰롤을 '현대의 음악'이라고 믿습니다. 하지만 저의 질문은 동시에 도발적입니다. 제가 보기에는 메탈리카Metallica 같은 그룹에도 선생님의 범주들을 적용할 수 있을 것 같습니다. 1980년대 초, 이 음악가들은 전대미문의 난폭함과 체계의 반열에 오른 불협화음을 통해 무정형에서 유래한 형식을 분출했습니다. 쇤베르크나 불레즈Boulez에게 그것보다 더한 무언가가 있을까요?

**바디우** 내가 주장하는 것은 많은 경우 긴 시간을 두고 순수음악[난해한 음악, musique savante]⁵ 안에서 선취되지 않은 대중음악

---

5　문제가 되는 원어인 musique savante는 분류의 맥락상 전통음악이나 대중음악과는 구별되어 사용된 말이다. 영어로 serious music이라 번역되는 이 용어는 구조적이고 이론적인 수준에서의 진전된 성찰을 담고 있는 음악을 뜻한다. 일반적으로는 서양 고전음악을 지칭하지만, 현대의 진전된 음악적 경향(실험 음악, 미니멀리즘 음악, 음렬 음악)과 재즈의 일부를 포함하는 말로 자리 잡았다. 이 용어의 번역어를 선택하기는 무척 어렵다. '순수음악'이나 '고급 음악' 또는 '본격 음악'이나 '정통 음악'과 같은 번역어는 savant이라는 형용사가 갖는 숭고와 성찰의 성격을 온전히 드러내지 못하는 것 같다. savant이라는 형용사를 살린 '난해한 음악'이라는 번역은 그와 대립하는 대중음악을 그저 '쉬운', '단순한' 음악으로 환원해버리는 부작용을 낳기 쉽다. 아래에서 바디우가 언급하듯, musique savante는 다른 음악이 대중적이라고 불렸기 때문에 그와 대비된다는 점에서 '난해(savant)'하다고 지칭된 것이라는 데 주목한다면, 이 명칭은 다소 모호할 수밖에 없다. 여기서는 새로운 번역어를 만들기보다 그 모호성에 집중하면서, 기존의 번역어 중에서 그나마 대중음악과의 관계가 잘 드러나는 '순수음악'이라는 필경 모호한 용어를 선택했다. 그에 따라 art savant 역시 '순수 예술'로 번역했다. 그 이외에 savant이라는 형용사가 단독으로 사용될 때는 글자 그대로 '난해한'이라는 표현을 사용했다. 무엇보다 중요한 것은 '순수 예술'이라는 번역어가 역시 구조적이고 이론적인 성찰을 담고 있는 예술을 지칭한다는 점이다. ─옮긴이

의 형식들에는 지칭 가능한 어떤 종류의 형식적 창안도 없다는 것입니다. 만약 우리가 음악에서 난폭함의 돌입을 높이 평가하고자 한다면, 스트라빈스키Stravinsky와 바레즈Varèse의 편에서, 그리고 바그너의 어떤 측면에서 그것을 찾아야지요. 실제로, 대중음악은 없습니다. 그것은 의미 없는 표현입니다. '대중적'이라는 형용사가 어떤 점에서 '예술'이라는 말을 명시하거나 결정하게 되는 걸까요? 그것은 포기해야 하는 범주입니다. 음악이 있고, 그것이 전부입니다. 음악은 형식적 창안을 다루는 능력을 통해 평가될 것입니다. 따라서 우리는 이른바 순수음악이 갖는 복잡성과 창의성의 정도가 이른바 대중음악과 아무런 공통의 척도도 갖지 않는다는 점을 이해할 것입니다. 다른 점에서 보면, 단지 어떤 음악이 대중적이라고 말해졌기 때문에 [그것과 대비하여 다른 음악을] 난해하다고savante 말해야 했던 것입니다. 이 대중음악은 오락 음악이라 불려야 할 것이고, 그것은 전혀 치욕스러운 것이 아닙니다.

물론 이 오락 음악은 다른 한편 순수음악에서 차용한 것에 근거를 둔 규범과 위계를 포함합니다. 대중음악은 순수음악을 끌어오기 때문에 더 좋아지는 것입니다! 비틀스가 오락 음악의 내부에서 혁신적인 그룹이었던 것은 오로지 바흐까지 거슬러 올라가는 난해한 음악의 형식들을 폭넓게 흡수했기 때문입니다. 그들은 이전에 이미 도입되었던 관현악법, 발성 변화inflexions vocales라는 형식들을 도입했습니다.

순수음악의 역사에 합체되어야 하는 유일한 예외가 있다면, 그것은 재즈입니다. 재즈를 통해, 우리는 순수음악에 의해 전혀 선취되지 않았던 형식적 제안의 영역으로 진입하는데, 특히 즉흥연주라는 요소가 대규모로 도입되기 때문입니다. 그것은 동양 음악에 속한 것이었지, 서양 음악의 정수가 보여주는 특징은 아니었습니다. 또한 '대중'음악이 절대적으로 제 모든 특색을 재즈에서 흡수했다는 점을 잊지 맙시다.

가장 인상적인 것은 재즈가 놀라운 속도로 순수음악의 가장 정교한 문제들과 점차 만난다는 점입니다. 아치 셰프Archie Shepp나 콜트레인Coltrane에게서, 우리는 조성의 전복, 현대음악의 혁신적인 미묘함과 극단적으로 가까운 즉흥연주의 고도화를 포함하는 고도화를 봅니다. 우리가 목격하는 것은 재즈와 현대음악의 창의적인 형식들 사이에 극히 가까운 인접성이 작동하고, 융합이 이루어지는 것입니다. 그것은 제2차 세계대전 이후부터 매우 분명합니다. 찰리 파커Charlie Parker와 가장 최근의 재즈 형식들 사이에서, 재즈의 도정은 순수음악과 접선적으로 만나는 것이지요.

**타르비** 일반화할 수 있을까요? 모든 예술은 난해한savant 것이거나 고도의 형식들에 결부되어 있는 것일까요?

**바디우** 그렇습니다. 재즈에 대해 참인 것은 어느 정도는 모든 예술에 대해서도 참입니다. 예를 들어, 디자인은 순수[난해한] 조형 예술에 연결됩니다. 또한 진부한 건축은 1920~1930년대로 거슬러 올라가는 발명들에 그 뿌리를 둡니다.[6] 랩을 좋아하는 내 아들은 랩의 계보에 매우 정통합니다. 그래서 나는 그것에 대해 잘 알고 있죠. 나는 우리로 하여금 다소간 시적이고 리드미컬한 특성(실제로 랩은 음악적이라기보다는 시적이고 리드미컬한 것입니다)을 느끼게 하는 래퍼들이 시의 영역에서 또는 음악적 영역에서, 진정한 예술과 만나거나 마주친 사람들이라는 것을 보고 강한 인상을 받았습니다.

그래서 나는 무언가 상당히 급진적인 것을 제안합니다. 그것은 '대중 예술'이라는 문구를 폐지하자는 것입니다. 예술의 단일성이라는 생각을, 예술의 언제나 변함없는 단일성을 옹호해야 합니다. 순수 예술과 대중 예술 사이에 놓여야 할 대립은 없습니다. 분명히 오락을 위한 예술이 있고, 예술이 위계를 포함한다는 점을

---

6  1920~1930년대의 건축 혁명은 인간 주거를 획기적으로 개선한 건축적 창안이라 할 수 있다. 철근 콘크리트 구조 기술의 발전으로 벽이 아닌 기둥을 통해 건물을 올림으로써 외벽 구조의 혁신이 이루어지고, 그에 따라 넓은 창문을 자유롭게 설치할 수 있게 되었다. 벽면을 모두 유리로 덮을 수 있는 것은 이러한 혁신의 결과이다. 또한 배수 처리 기술의 발전으로 경사 지붕 대신 평 지붕이 도입됨으로써 옥상이라는 새로운 생활공간이 등장하게 되었다. 기둥 구조의 건축 혁명은 자유로운 평면을 창조해냄으로써 공간의 효율성을 확보하고, 창을 넓게 낼 수 있게 하여 일조량을 증가시켰으며, 공간 설계의 조직을 통해 건축의 표준형을 창안하고 적용함으로써 대규모의 공동 주택을 만들어낼 수 있었다. 그렇게 현대인의 주거 환경은 현저하게 개선된다. 그러나 그 이후, 이러한 새로운 건축은 판에 박힌 구조(이른바 표준형[standard])의 대량 건설을 통해 지극히 '진부한 건축'이 되고 만다. 여기서 중요한 것은 오늘날의 획일적인 도시 공간의 건축(진부한 건축)이 그로피우스(Walter Gropius), 르 코르뷔지에(Le Corbusier) 등이 활동했던 1920~1930년대의 건축 혁명에 그 연원을 두고 있다는 점이다. ─옮긴이

부정하는 것은 중요하지 않습니다. 그러나 결정적으로 이 위계는 언제나 예술 자체의 실제적 절차들의 생성에 연결됩니다.

**타르비** 대중 예술이 20세기에 새로운 형식들을, 혁신적인 형식들을 창조했다고 말하며 선생님에 반대하는 사람들에게 어떻게 대답하시겠습니까? 전적으로 영화는 이미 존재했던 순수 예술에 거의 기원을 두지 않는 대중 예술의 형식이 아닙니까? 그리고 그라피티, 스프레이 페인팅과 같은 예술적 형식들에 대해서는 어떻게 생각하시는지요?

**바디우** 나는 영화란 우선 어떤 기술의 창안이라고 대답할 것입니다. 그 기술의 발전 자체로부터 (새로운 기술적, 형식적 배치가 나타날 때 언제나 그렇듯이) 독특한 예술적 가치를 가진 것과 오락적 요소 내에 머무는 것이 점차 떨어져나갔습니다. 예를 들어, 유화의 경우가 그렇죠. 벽에 그리는 그라피티에 관해, 실제로 그것의 배후에는 위대한 전통이, 심지어는 숨겨진 전통이 있습니다. 그것이 담고 있는 더 좋은 것, 특히 그 자발적인 측면에서, 그라피티는 1920년대 포스터 예술affichisme의 직접적인 후예이고, 러시아 모더니즘modernisme의 창안입니다. 우리는 또 한편으로 초기 소비에트 도상학iconographie에서 그라피티를 예고하는 많은 것을 발견합니다. 우리는 또한 1930년대 이래의 멕시코 공산주의 유파의 멋진 벽화들에 대해 말할 수 있습니다. 결국 하나의 예술적 형식이 나타날 때, 그 계보를 찾아야 하고, 그 계보는 순수 예술이라고 부를 수 있는 것과 언제나 연결됩니다. 오락적 예술에서, 흥미롭고 가치를 가지는 작품들이 생산될 수 있습니다. 그러나 그 작품들이 가치를 가지는 것은 언제나 진리들의 역사에서, 엄격한 의미의 예술이 갖는 요소 안에서 창조되는 형식들의 역사에서 유래합니다.

**타르비** 선생님은 확실히 영화에 관심이 많으십니다. 선생님은 게다가 장-뤽 고다르Jean-Luc Godard의 다음 영화에 출연하여, 선생님 자신을 연기할 예정입니다.[7] 저는 다른 데서 선생님이 영화에서 선생님 자신을 실제로 연기하기를 바라신다는 말을 들었습니다. 저는 선생님께 묻고 싶습니다. 철학의 관점에서, 영화란 무엇입니까?

**바디우** 내가 제안하는 영화의 일반적인 철학적 정의는 바로 영화가 방문visitation을 그 이념의 현전 양식으로 하는 예술이라는 것입니다. 내가 그것을 통해 말하고자 하는 것은 고전적 회화 또는 조각에서 가능했던 육화incarnation나 모방, 실현 등이 아닌 현전의 양식입니다. 영화는 운동을 사용하는 예술입니다. 그 운동이 갖

---

7  장 뤽 고다르의 〈필름 소셜리즘(filme socialisme)〉. 2010년의 칸느 영화제에서 상영되었다. 이 영화의 1부에 등장하는 바디우는 텅 빈 대강당에서 후설에 대해 강의한다. ─옮긴이

는 가능한 강도의 체제와 진리의 형상은 언제나 지나감의 질서에 속합니다. 그것은 음악이 갖는 의미에서의 방문이 아닙니다. 실제로 음악은 그 가장 작은 세부까지 구축되고 정교화되는데, 그것은 이념이 그 시간적 변동 속에서 펼쳐지도록 하기 위한 것입니다. 그런데 영화는 절대적으로 불순한 예술, 예술의 가능한 불순함을 그 절정에 이르게 하는 예술입니다. 영화는 모든 것을 통해, 음악, 연극, 배우, 이미지, 무대장치를 통해 만들어집니다. 그것은 잡동사니입니다! 영화는 통제되기 힘든 엄청나게 많은 변수들을 사용하고, 점점 더 그렇게 되고 있습니다. 흑백 영화와 무성영화의 시대에, 영화는 오늘날보다 훨씬 더 통제되었고, 따라서 훨씬 더 완전했습니다.

그러니까 영화란 이런 것이지요. 그 유동적인 불순함 속에서, 이념의 강렬한 방문, 소멸되고 다시 나타나는, 대개 단편적인 방문에 기회를 주는 것 말입니다. 일어날 일을 전혀 미리 알 수 없다는 것이 또한 영화의 매력입니다. 영화인 자신도 그것을 정확하게 알 수 없습니다. 영화의 제작 조건들, 다시 말해 복잡한 기계들, 40번에 걸쳐 되풀이되는 촬영 등의 조건들과 그리고 영화 자체 사이에는 엄청난 간격이 있습니다. 그 결과는 아주 우연적입니다.

**타르비**  영화의 대중 예술적인 측면은 영화 예술의 진정한 작품을 창조하는 것과 양립 불가능한가요?

**바디우** 실제로 영화는 오늘날 위대한 대중 예술입니다. 시의 어떤 형식이 어느 시대에는 대중 예술의 형식일 수 있었다는 데 유의합시다. 호메로스의 서사시 그리고 아마도 비극이 있었던 그리스 시대가 그런 경우입니다. 빅토르 위고의 시는 19세기에 대중 예술이었습니다. 오늘날 의심할 여지없는 예술 작품이면서, 또한 대중 예술의 작품인 것을 인용하고자 할 때 곧바로 떠오르는 것은 바로 채플린의 영화들입니다. 그 작품들이 영화적 운동의 불순함 속에서 이념의 방문을 보여준다는 의미에서, 그 작품들은 확실한 예술 작품입니다. 내가 보기에 영화는 오늘날에도 여전히 가장 활기 있고 가장 적극적인 예술입니다. 비록 모든 다른 예술들에게 충격을 주는 불확실성에 연루되어 있다 하더라도, 영화는 가장 불확실성이 적은 예술입니다. 내가 보기에 영화는 제1차 세계대전 종결 이후 그 위치를 점유했습니다. 오늘날까지 실제적으로 확인되어왔던 그 위치 말입니다. 영화는 다른 예술들보다 더 중요한 실재─동시대성의 실재─의 부분들을 명백하게 포획했던 예술입니다. 예를 들어, 만약 우리가 예술 가운데 무엇이 1968년 5월의 가능한 흔적들인지 자문한다면, 우리는 그것을 고다르에게서 찾아야 할 것입니다. 지금 소비에트 연방 해체의 예술적 흔적들이 어디에 있습니까? 전적으로 의미심장한 예술 작품들로서 1980년대 이후 번영했던 소비에트 주변부의 영화들, 아르메니아, 카자흐스탄 영화들에 있습니다. 나는 위대한 아시아 영화의 등장에 대해서도 같은 말을 할 것입니다. 오랫동안 알려졌던 일본 영화가 아니라, 위대한 한국 영화나 중국 영화에 대해 말하는 것입니다. 예술의 질서 안에서, 영화는 본질적인 무엇인가를 반영하고 말하는데, 그것은 지구의 이 지역들의 힘과 의미의 격상과 관련된 것입니다.

영화는 긍정적인affirmatif 요소를 보존하는 데 성공했습니다. 가장 좋은 증거는 아방가르드라는 위험한 도박을 했던 분야인 '실험 영화'가 실제로 자리 잡지 않았다는 것입니다. 그 미덕이 한편으로 무엇이건 간에, 우리는 실험 영화의 엄격한 관점을 통해 영화를 정의하지 않습니다. 영화는 어떤 경우에는 위대한 작품들을 창조하면서 대중 예술로 남았고, 예술 비판과 형식의 파기라는 주제 안에서 해소되지 않았습니다. 영화가 소모되고 고갈되지 않은 것은 아마도 영화가 어떤 의미로는 뒤늦게 성공한 예술이었기 때문입니다. 영화는 오늘의 세계에 대한 진리의 근본적인 원천으로 남아 있습니다. 오늘날 음악이나 회화에 대해 똑같은 말을 하기는 어렵습니다!

영화의 가능성은 최신의 예술, 일곱 번째 예술이라는 점에 있습니다! 그것은 영화가 다른 예술들을 약탈하고, 자신의 젊음을 보존할 수 있게 합니다. 나는 고다르가 영화는 오래전에 죽었다고 주장한다는 것을 잘 알고 있습니다. 우리가 그것을 문자 그대로 받아들인다면 그것은 잘못된 테제라고 나는 생각합니다. 물론 나는 그가 무슨 말을 하려 하는지 잘 압니다. 초기 영화의 힘, 1960년대까지 영화가 가지고 있던 힘을 되찾기란 무척 어렵습니다. 무엇보다 기술적 포화 상태 때문이지요. 지금은 너무나 많은 변수들이 있습니다. 다시 말해, 합성 영상의 제작 가능성, 언제든 그리고 밖에서 영화를 촬영할 수 있는 가능성…… 그러한 과다한 변수들은 예술적 통제를 매우 어렵게 합니다. 무르나우Murnau[8]나 채플린 영화에서의 이미지들을 봅시다. 나는 최근에 〈도시의 불빛City Lights〉[9]을 다시 봤습니다. 그때까지 그렇게 인상적이지 않았던 어떤 면이 내게는 아주 놀라웠는데, 그것은 바로 극도의 엄격함, 가장 사소한 요소에 대한 통제였습니다. 확실히 스튜디오에서 이루어진 흑백 촬영의 경우, 우리는 적은 변수만을 만납니다. 우리는 시간에 여유가 있고, 그 변수들에 집중할 수 있습니다. 영화의 진보는 따라서 영화의 위기입니다! 컬러 영화, 와이드 스크린 등등…… 좋습니다. 그러나 어떻게 그 모든 것을 제어할까요? 많은 수단들을 활용하는 것은 이점이 아닙니다. 19세기의 공인된 대형 회화가 그것을 잘 보여줍니다. 색채에 기술적으로 초점이 맞춰진 거대한 그림들 말입니다. 그러면 그것은 '과장된' 회화가 됩니다. 사실 우리는 과장된 영화의 시대에 있는 것이죠.

**타르비** 선생님은 예술의 현재와 미래에 관해서 이렇게 쓰셨습니다. "오늘날의 예술은 증명만큼 단단히 매여 있고, 야습夜襲만큼

---

8　20세기 초에 독일과 할리우드에서 활동한 독일 영화감독. 카메라를 통해 등장인물의 감정을 주관적으로 해석함으로써 영화 기법의 혁명을 가져왔다. ─옮긴이
9　찰리 채플린의 1931년 작 영화. ─옮긴이

놀라우며, 별만큼 고귀하다."[10]

**바디우**  그렇지요, 그것은 거기서 긍정주의 예술un art affirmationiste의 세 가지 목표, 세 가지 경구입니다. 또 한편으로, 영화에서 그 흔적들 또는 약속들이 드러날 수 있을 겁니다. 이 세 가지 목표는 일반적으로 현대 예술 속에서 분리된 것으로 파악됩니다. 예를 들어, 정합성cohérence은 놀라운 성격과 양립 불가능한 것으로 간주됩니다. 놀람surprise, 경악étonnement, 습관의 전복이 검토될 것이지만, 비논리적인 것, 비일관성 그리고 사물의 소진조차 받아들여질 것입니다. 마찬가지로 놀라운 것은 고귀함élévation 또는 주체성과 양립 불가능한 것으로 간주될 것입니다. 외설을 통해 놀라움을 주기 위해서는 무엇이든 할 것입니다. 무대에 오줌을 싸기도 할 것이고, 사람들이 원하는 모든 것을 할 것입니다. 나는 비판하지 않겠습니다. 나는 이런 종류의 놀라움—결국 더 이상 놀랄 만한 것이 아닌—이 정합성과 고귀함과는 양립 불가능하다고 생각할 수 있다는 것을 매우 잘 알고 있습니다.

오히려 세 가지 목표를 정돈하기 위해 노력해야 합니다. 예술의 오랜 야망은 삼중적입니다. 첫째는 정합성을 생산하는 것인데, 여기에는 새로운 정합성, 전례 없는 정합성이 포함됩니다. 그것

10  "Troisième esquisse d'un manifeste de l'affirmationnisme", *Circonstances* 2. Paris, éditions Léo Sheer, Lignes, 2004, p.81-105.

이 예술의 구성주의적 측면입니다. 둘째는 놀라게 하는 것, 독창성을 갖는 것입니다. 나는 앞뒤 가리지 않는 독창성에 대해 말하는 것이 아니라, 예술 작품이라는 전체의 구성에 편입될 수 있는 독창성에 대해 말하는 것입니다. 셋째는 고귀함, 즉 이념의 현전, 이념에의 근접성인데, 이 고귀함은 독창성이나 정합성과 모순되지 않습니다. 그것이 바로 내가 "증명만큼 단단히 매여 있고, 야습만큼 놀라우며, 별만큼 고귀하다"고 말하는 이유입니다. 하지만 이 세 가지 은유 안에서 내 관심은 그것들의 결합에 있습니다.

**타르비** 그 결합은 선생님 자신이 예술가로서 찾던 것인가요? 예를 들어 《차안此岸의 고요한 블록Calme bloc ici-bas》[11]이나 선생님의 연극들에서 말입니다.

**바디우** 《차안의 고요한 블록》에서는 확실히 그렇습니다. 나는 거기에서 정합적인 창작의 체계와 규칙에 종속된 산문의 형상을 펼쳐 보이려 시도했습니다. 그것은 놀라움의 효과를 포함하고, 현대세계의 알레고리의 수탁자라는 점에서 고귀합니다. 거기서 이야기하는 것은 이념의 위기입니다. 이념의 위기는 사실상 주제 자체, 그 책의 잠재적인 주제입니다. 희곡의 수준에서도 물론 나는 어떤 유사한 것을 시도했습니다.

11　*Calme bloc ici-bas*, roman, éditions P.O.L., Paris, 1997.

문제는 그것이 예술 작품에 대한 승인된 전망이 전혀 아니라는 점입니다. 정합성이 받아들여지는 가운데 놀라움을 포기하는 작품들이 있거나, 놀라움을 주는 것을 포기하여, 공식주의적인 것le pompier에서 끝나버리는 고상한 작품들이 있거나, 그렇지 않으면 놀라움과 탈구축을 실천하지만, 정합성과 숭고함에 대한 근본적인 비판을 대가로 치르는 아방가르드의 작품들이 있습니다. 세 가지 야망을 고수하고자 노력할 때, 구축의 공간이 구성되지 않고, 합체incorporation의 장치가 미미한 작품들이 생산되곤 합니다. 이 대목에서 주의를 환기시키자면, 내 자신의 관점에서 볼 때,《고요한 블록》은 내가 살면서 만들어낸 것 중 단연 괜찮은 것입니다. 그리고 그것은 또한 확실히 유일하게 실망스러운 것이기도 합니다. 공적인 삶에서, 나는 오랫동안 거의 이름이 알려지지 않은 시기를 겪기도 했는데, 그것은 나를 전혀 거북하게 하지 않았습니다. 그러나《고요한 블록》이 관심을 끌지 못했다는 사실은 어쩌면 내 마음을 조금은 아프게 한 유일한 일일 것입니다.

## 철학과 문체, 철학의 글쓰기

**타르비** 저는 선생님에게 글쓰기의 경험 — 실천? 은총? — 안에서의 선생님의 정신 상태에 대한 질문을 드리고 싶습니다. 선생님이 철학자로서 글을 쓰실 때와 작가로서 글을 쓰실 때의 정신 상태의 차이는 어떤 것입니까?

**바디우** 그것은 전혀 같은 것이 아니죠. 그 차이는 근본적입니다. 철학의 글쓰기를 할 때, 솔직히 말해 나는 상당히 지루함을 느낍니다. 실제로 내 목적은 내 사유 안에서 진작에 만들어진 것들에 이미 나를 만족시킨 전달의 규약을 부여하는 것입니다. 나의 주요 저작들을 두고 흔히 거론되는 '난점'에 대해서는, 나는 시간이 그것들을 정당하게 평가할 것이라고 생각합니다. 그 저작들은 칸트의《순수이성비판》이나 헤겔의《대논리학》처럼 고전이 될 것입니다. 어쨌든 주요 저작들에서 나는 내 사유에 대한, 논증되고 상세하게 설명된 표현에 가능한 한 가까이 있고자 노력했습니다. 나는 전달의 합리성 안에 있는 것입니다. 다른 저작들에서 나는 무엇보다 명료하고자 노력했고, 독자들을 논의되는 것과 동일선상에 있게 하려고 애썼습니다. 아마도 내가 언제나 성공한 것은 아니겠지만, 내 목적은 그것입니다!

연극 작품을 쓸 때는 완전히 다릅니다. 나는 내가 무엇을 쓸지 완전히 알지 못합니다. 글쓰기의 과정은 여기에서 내용 자체를 이루고 있습니다. 내가 신경 쓰는 것은 더 이상 전달의 규약이 아닙니다. 그와 반대로, 나는 그것이 철학에 적용된다고 생각하지 않습니다. 철학적인 내용은 글쓰기를 통해 창조되지 않습니다.

철학적인 이념의 뼈대architecture는 그 이념 자체 안에 실존하며, 고유한 자율성을 지닙니다. 그런 의미에서 역시 나는 플라톤주의자입니다. 더욱이 플라톤은 문자 언어l'écrit가 부차적이라는 결론을 거기서 끌어냈습니다. 실제로 중요한 점은 이념의 전달이었습니다. 구술적 전달이 우선적이고, 그것은 전달을 보장하거나 강화하는 전이의 효과un effet de transfert를 수반합니다. 내가 실천하는 것은 어느 정도 그런 의미에서의 구술입니다. 나는 쓰여진 것을 지속되는 것으로 봅니다. 지속되기 위해서는, 써야 합니다! 그러나 소설이나 연극 작품에서, 실존하는 것은 글쓰기와 동일한 외연을 갖습니다. 그것에는 외부적인 실존이 없는 데 반해, 철학적인 글쓰기는 실제로 그것에 외적인 무언가를 전달합니다.

게다가 당신 자신도 그런 생각으로 [이 인터뷰를] 행하고 있습니다. 당신이 녹음에서 출발하는 이상, 당신의 계획은 체계적인 글쓰기와는 다른 수단들, 구술성에서 차용한 수단들을 통하여 나의 철학적 담론의 전달을 정교화하는 데 있습니다. 그런 것은 어떤 권리로도 예술 작품의 영역이기를 요구할 수 없습니다. 우리가 원하든 원하지 않든, 그 복잡성이나 문체의 효과, 문학적 우아함이 어떠하든 간에, 철학적 글쓰기는 교육적인didactique 글쓰기입니다. 심지어 루크레티우스의 《사물의 본성에 대하여De rerum natura》처럼 시의 형식으로 생산될 때조차도 그것은 사실로 남습니다. 철학의 이러한 특징을 받아들여야 합니다. 나로 말하면, 나는 그것을 일말의 망설임도 없이 수용합니다. 철학의 영역은 지적인 주체성들을 전달하고, 설득하며, 변화시키는 것을 겨누는 영역입니다. 예술 작품은 완전히 다르게 움직입니다.

**타르비** ‘교육적’이라는 말은 《주체의 이론 Théorie du sujet》[12]과 같은 책에 적합한 말입니까? 그 말은 말라르메적인 문체상의 힘, 전적으로 명백한 힘을 갖지 않습니까?

**바디우** 《주체의 이론》은 어쨌든 라캉에게 많은 영향을 받은 조건 속에서, 구술 언어를 문자 언어로 변환시키는 실행을 약간은 정교화된 방식으로 시도한 것이었습니다. 그것은 정신분석학의 질서와는 완전히 다른 이념과 구축의 질서를 갖는, 라캉적 의미의 세미나의 실행이었죠. 실제로 거기서 이 책이 갖는 완전히 독특한 문체의 아우라가 나옵니다. 나는 《주체의 이론》, 《존재와 사건》[13] 그리고 《세계의 논리》[14]가 세 가지 다른 문체들을 표현한다고 생각합니다. 《존재와 사건》은 정말 간결합니다. 그 전개 안에서의 체계적인 구축에 다름 아니지요. 《세계의 논리》는 바로크적이고 선명합니다. 그것은 짐짓 독특한 사례들로 채워져 있습니다. 만일 내가 네 번째 책을 출간하게 된다면, 그것은 또 다를 것

---

12　*Théorie du sujet*, éditions du Seuil, Paris, 1982.

13　*L'être et l'événement*, éditions du Seuil, Paris, 1988(번역본, 《존재와 사건》, 조형준 옮김, 새물결, 2013).

14　*Logique des mondes*(L'être et l'événement, t.2), éditions du Seuil, Paris, 2006.

입니다. 나는《존재와 사건》의 체계적이고 건축술적인 연속성과는 다른, 연속적인 긴 산문을 고안하고 있습니다. 그것은 진리들의 내재성l'immanence des vérités이라는 관점을 통해 자리 잡는 연속성입니다(게다가 그 책은《진리들의 내재성》이라는 제목이 붙을 것입니다).

**타르비** 마지막 질문입니다. 철학에서 문체가 갖는 정확한 효력은 무엇입니까? 왜 철학자는 이러저러한 문체를 채택할까요? 선생님 자신도 방금 선생님의 중요한 저작들 각각에 특유의 문체를 채용한다고 말씀하셨습니다.

**바디우** 나는 우리가 문체를 통해 어떤 문제를 해결하기 위해 노력한다고 생각합니다. 실제로 우리는 직접적으로 어떤 보편적인 것에 집중하려고 노력하지만, 동시에 보편적인 것과 그것 자체의 독특성을 맞물리게 합니다. 거기서 표명되는 것은 집합적이거나 익명적인 보편이 아닙니다. 그것은 집단적으로 규범화되는 과학적 문화와는 매우 다릅니다. 과학적 문화에서 우리는 동료들에게 말을 건네며, 우리가 정확한지 부정확한지 결정하는 것은 바로 그 동료들입니다. 문체가 문제되는 것이 아니지요! 당신의 문체를 통해 당신이 정확하다고 동료들을 설득할 수는 없습니다! 반대로, 철학에는 철학의 불순함impureté에 속하는 어떤 모호함이 있습니다. 우리는 앞서 영화의 불순함을 거론했습니다. 나는 어느 책에서 철학과 영화 사이에 어떤 관계가 있다고 주장한 적이 있는데, 그것이 바로 불순함입니다.[15] 영화는 매우 잡다한 재료들을 가지고 예술 작품 또는 실재 예술 작품을 만들어내는 시도를 제안합니다. 철학은 또한 자기를 위해 어느 정도 무엇이건 활용합니다. 시의 인용도 수학적 증명도 플라톤이 신화를 활용하는 방법도 그렇습니다. 철학은 영화처럼 그렇게 합니다. 철학은 사유의 영화인 것이죠!

이제 당신의 질문에 더 직접적으로 대답하지요. 문체는 원칙상 절대적으로 보편적인 철학의 목적지destination와 근본적으로 독특한 시도들이란 거의 없다는 사실을 연결하기를 시도하는 것입니다. 실제로 우리는 이러저러한 체계만을 알 뿐, 보편적인 철학을 알지 못합니다. 따라서 독특성들의 절대적인 모음을 통해 실현된 보편성의 역사가 있습니다. 그런 것이 글쓰기 안에서 번역됩니다. 데카르트의《철학의 원리》, 스피노자의《에티카》와 같은 형식적 규약들 속에서, 또는 엄격한 증명의 체제 안에 있는《존재와 사건》의 몇몇 대목들에서조차 가장 엄격한 보편성에 자리 잡는다 해도, 그것이 서명되어 있다는 사실은 전혀 잊히지 않습니다. 철학은 한편으로는 사유의 영화이고, 다른 한편으로는 서명된 보편입니다. 이것이 내가 당신에게 제안하는 두 가지 정의입니다! 문

---

15  철학과 영화의 관계와 불순함에 대해서는 Badiou, "Le cinéma comme expérimentation philosophique", in Cinéma, Nova Editions, Paris, 2010, pp.323-73을 참고하라. ─옮긴이

체, 그것은 응당 서명입니다. 그것은 알랭 바디우의 것이지요. 이상적으로는 분명히, 그것이 익명적인 방식으로 발언되어야 하지만, 실제로는 그것이 알랭 바디우의 것임을 증언하는 것입니다.

4장

# 과학

**타르비** 기술 그리고 그것이 과학과 맺는 관계라는 주제를 우리의 출발점으로 삼아보죠. 우선 선생님은 '존재의 망각', 인간적 조건의 쇠약obscurcissement으로 파악되는 기술적 진보에 대한 하이데거의 우울한 관념에 동의하십니까? 이 쇠약은 하이데거가 기술적 발전을 '역사적' 사실로, 말하자면 인간의 운명 자체의 환원 불가능한 요소로 삼기에 더욱 불가피한 것처럼 보입니다.

**바디우** 나는 우리가 존재론적이고 역사적인 형상을 기술적 진보 그 자체에 귀속시킬 수 있다고 생각하지 않습니다. 결국 기술적 진보는 인류에게 종으로서의 확장 가능성을 보장하는 것입니다. 지금 문제에 붙여진 암울함 속에서 문제가 되는 것은 기술 그 자체, 다시 말해 과학의 실천적 귀결들 전체가 아니라, 그것이 상품으로 구성되는 것입니다. 과학은 그 자체로 기술에 환원될 수 없고, 진리의 자율성을 지닙니다. 그러나 과학의 실천적 사용, 과학이 규정하는 것이 아니라, 과학을 통해 가능해지는 실천적 사용의 어떤 전체 그물망이 실존합니다. 따라서 비난해야 할 것은 기술이 아니라 과학을 기술의 가능한 실천적 귀결들의 체계에 종속시키는 것, 과학을 자본주의적 생산양식에 종속시키는 것입니다.

그것이 과학적 진리 자체라는 주제의 쇠약을 실제로 부추깁니다. 그런 의미에서, 기술에 의한 쇠약이 있는데, 그 쇠약은 기술로 인한 것이 아니라 과학이 진리 절차로서 불분명해진다는 사실로 인한 것입니다. 과학이 불분명해지는 것은 과학적 이념들과 그 실천적 귀결들이 강제적이고 폭력적인 방식으로 상품 소비 쪽으로 정돈되고 재설정되는 방식을 통해서입니다. 그것이 허용하는 것은 최악에는 무용하고 한심하면서도 추한 물건들이 믿을 수 없을 정도의 엄청난 양으로 생산되는 것이고, 잘해야 유용하지만 총체적인 무정부 상태에서 만들어진 물건들이 생산되는 것입니다. 실제로 그 규범은 유익하거나 아름다운 것이 결코 아니라, 팔아먹을 수 있는 것이지요.

**타르비** 그렇다면 선생님은 하이데거에 의해 정립된 기술적 진보와 '존재의 망각' 사이의 관련성에 대해 어떻게 생각하십니까?

**바디우** 물론 나는 '존재의 망각'이라는 문제를 하이데거와는 완전히 다른 방식으로 정리합니다. 하이데거에게는 내가 피해야 한다고 여기는 사라진 기원une origine perdue이라는 관념이 있습니다. 사라진 기원에 속하는 기술의 발전 안에는 아무것도 없습니다. 게다가 무엇이 이 사라진 기원일 수 있을까요? 그리스적 여명의 세계, 노예제, 가혹한 전쟁, 맹목적인 학살의 세계인가요? 그것은 전형적인 독일적 창안입니다! 나는 그 모든 것에 전혀 찬동하지 않습니다. 그렇지만 하이데거는 위대한 사상가였습니다. 다른 한편으로는 그가 한때 프티-부르주아 나치이기는 했지만 말입니다. 그는 과학의 기술적 전유가 지양과 대안을 찾는 것은 오로지 사유의 영역에 속했던 무엇인가를 통해서만 가능하다는 직관을 지니고 있었습니다.—그가 '이념에 대해' 말하지는 않았겠죠. 왜 냐하면 그는 플라톤주의를 끌어들이는 그 말을 혐오했으니까요. 하이데거는 그 위기가 사유의 위기라는 것을 알고 있었습니다. 인류 전체의 해방을 위한 정치의 가능성에 의해 정리되고 지시되지 않는 사유란 아무것도 아니라는 것을 불행하게도 그는 알아차리지 못했습니다. 하이데거가 그것을 알아차리지 못한 것은 그가 오랜 반동적 인물이었기 때문입니다! 그런 것이 그의 수많은 분석들에 대한 관심을 떨어뜨리지는 않습니다. 시간성temporalité, 불안의 현상학, 동시대성(설령 이 점에 대해 그가 확실히 본질적인 것을 놓치고 있다 하더라도), 소외의 형상들, 철학사, 시 등에 대한 분석들 말입니다.

요컨대 나와 하이데거를 맞서게 하는 것은 그가 전통과 상품 사이의 싸움 안에 들어가기를 받아들인다는 점입니다. 그 싸움 속에서, 그는 정교하고 복잡한 방식으로 전통의 편에 섭니다. 그렇지만 이편에도 저편에도 서서는 안 됩니다. 그것이 어려운 점이지요. 모든 문제는 우리에게 부과되는 선택, 즉 전통이냐 현대성이냐, 전통이냐 상품이냐의 선택을 받아들이지 않는 것입니다. 그러한 양자택일을 피하는 상황을 창조해야 합니다. 세계의 사태가 그러한 양자택일에 복종한다고 해도, 그 대립에 의해 구조화되지 않아야 합니다. 해방의 정치의 위기, 이념의 위기, 그것은 분명 그 대립에 사로잡히는 것이고, 오늘의 민주주의적 세계에 대한 변호냐, 전통의 자기동일적 발작이냐 하는 선택 이외의 다른 선택이 없다고 생각하는 것입니다.

**타르비** 선생님의 경우, 핵심적인 준거물은 물리학이나 생물학이라기보다는 수학과 논리입니다. 선생님의 저작에서 물리학과 생물학의 지위에 대한 문제는 매우 논쟁적입니다. 어떤 이들은 거기에 뭔가 빠져 있다고 느낍니다.

**바디우** 내 철학에 물리학과 생물학이 없다는 반론은 충분히 정교화된 것이 아닙니다. 첫째, 나는 물리학이 진리의 절차라는 것을 절대적으로 인정합니다. 생물학에 관해서는 확신하기 힘든데, 왜냐하면 생물학에서 과학적인 것은 화학에 속하기 때문입니다. 그 밖에 의학과 마찬가지로 생물학적 연구는 고삐 풀린 경험론에 빠져 있습니다. 이론적인 명제가 거의 없지요. 내가 보기에, 생물학은 다윈 이래로 어떤 확고한 진보도 이루지 못했습니다. 다윈은 내가 사유라고 부르는 것을 정교화해냅니다. 진정 문제가 되는 것은 철학이나 과학이 아니라, 엄밀하게 말해 과학에 진입하지 않고서도 과학의 가능한 지평을 창조하는 합리적이고 강력한 배치입니다. 그것은 세 가지 위대한 사유가 있었던 20세기에 매우 특징적인 것입니다. 역사에 대해 마르크스가 그러했고, 자연사에 대해 다윈이 그러했으며, 무의식에 대해 프로이트가 그러했습니다. 그들은 내가 아낌없이 존경을 표하는 능력인 혁신하고, 사태를 전복하고, 예견하고, 금기를 타파하는 능력을 갖춘 사상

가들입니다. 하지만 오늘날 누가 역사의 과학이 진짜 있다고 과감하게 주장할까요? 거짓 담론을 제거할 수 있게 하는 사유의 배치가 있습니다. 다윈주의는 창조론을 제거할 수 있게 했지만, 아직 생물학적 형태들의 생성에 대한 이론화된 과학을 구성하지 못했습니다. 생물학적 형태들의 역사와 관련된 다윈주의를 제외하면, 생물학은 화학에 속합니다. 그것은 더욱이 아주 맹목적인 화학입니다. 우리는 실험적으로 매우 국한된 원인들과 효과들을 확인합니다. 우리는 생명이 무엇인지 말할 능력이 없습니다. 그것은 지극히 장악하기 힘든 개념으로 남아 있습니다.

그러나 물리학은 과학이고, 거기에는 추호의 의문도 있을 수 없습니다. 게다가 나는 수학화가 과학성의 절대적 기준이라고 생각합니다. 해석이 필요한 부분은 수학적인 부분이 감소하자마자 증가합니다. 수학화는 또한 물리학에서 괄목할 만한 수준에 이르렀습니다. 양자 물리학에서, 수학은 더 이상 언어가 아니라 문제 그자체입니다. 방정식 없이 당신은 아무것도 이해하지 못합니다. 게다가 보잘것없는 직관으로 양자 물리학을 북돋우려는 모든 시도들은 매우 초라한 정신적 구성물들 그리고 확실히 몽매주의적인 신-종교적 입장들로 귀착됩니다.

**타르비**  그렇지요. 우리는 텔레파시적인 상상이visions télépathiques이 양자 물리학에 기대는 것이라고 생각할 수 있습니다. 그런데 우리는 또한 집합이론에 대한 신비주의적 상상과 만나게 됩니다.

**바디우** 확실히 수학화된 신비주의는 수학의 시작부터 실존합니다. 피타고라스주의는 수에 대한 절대숭배였던 것으로 보입니다. 그렇지만 물리학에 대한 당신의 질문으로 되돌아가겠습니다. 나는 왜 사람들이 내 철학에 물리학이 없다고 반대하는지 아주 잘 알고 있습니다. 만약 그 반대가 철학적으로 국한된 것이라면 말입니다. 물리학이 없다고 지적하는 것으로 끝나지 않습니다. 다른 많은 것들이 없어요! 나는 일반적인 미학을 만들어내지 않았습니다. 사람들은 또한 내가 건축(내가 브라질리아에 대해 조금은 이야기했음에도 불구하고), 현대 회화, 설치 미술 등을 거의 다루지 않는다고 나에게 말할 수 있을 것입니다. 내 철학에 물리학은 없습니다. 좋아요. 그러나 그 질문의 철학적 규약은 무엇입니까? 물리학의 개입은 내가 앞세우거나 구축하는 개념들의 어떤 영역에서 본질적인 수정이나 진정으로 새로운 질문을 가져올까요?

수학과는 반대로 물리학이 특수한 세계들을 이론화한다는 점에 주목하는 것은 절대적으로 중요합니다. 물리학은 우리가 알고 있는 세계에 대해 말하는데, 여기에는 우리의 감각기관을 통해 알게 되는 세계 그리고 우리가 그 속에서 경험적 검증의 규약을 찾아내는 세계 역시 포함됩니다. 더욱이, 물리학은 일반적인 존재론과의 양립 가능성 가운데 작업합니다. 그래서 또 한편으로 물리학은 수학화되는 것입니다. 왜냐하면 수학은 존재론이니까요. 결국 특수한 세계 속에서의 특수한 현상들의 결정이 존재로서의 존재와 수학화할 수 있는 존재의 다수성을 망라하는 것은 당연합니다. 그런데 나에게 "출현과 존재에 대해서 당신이 제안하는 철학의 그런 점에 대해, 고전 물리학 또는 현대 물리학의 발전은 근본적인 차별성을 보여준다"고 말하는 대화 상대를 나는 전혀 만난 적이 없습니다.

마지막으로 내가 지적하는 것은 물리학을 철학적으로 이용하는 것은 전체 역사 속에서 생산적이었기보다는 제한적이었다는 점입니다. 그 이용은 언제나 인식에 대한 제한적이며 비판적인 관념을 끌어들였습니다. 그러한 경향은 칸트에서 시작합니다. 칸트에서 포퍼까지, 물리학을 통한 인식 조건들의 결정은 너무나 엄격하고 경직되어 종교 또는 종교를 보완하는 관념론을 위한 자리를 조성하는 결과를 가져왔습니다. 칸트가 말하는 것은 대략 다음과 같은 것입니다. "도덕과 종교의 진리들과 관련된 모든 것에 대해, 나는 인식을 믿음으로 대체해야 했다." 그것은 철학적 진보가 아닙니다! 만일 물리학에서, 칸트의 경우 뉴턴의 물리학, 포퍼의 경우 아인슈타인의 물리학에서 출발한다면, 그것은 특수한 세계의 선험적 법칙들에서 출발하는 것이고, 이 세계의 특수성들을 일반적 인식의 한계로 간주하는 것입니다.

**타르비** 하나의 예를 통해 선생님께 반론을 제기해보겠습니다. 땅에 떨어진 꽃병은 수학적으로 여러 가지 방식으로 깨질 수 있습니다. 그것은 모든 가능성들의 집합입니다. 그러나 실제 물리적으로, 그 꽃병은 그 순간 그렇게 [한 가지 방식으로] 깨질 뿐이지 다르게 깨지지 않습니다. 그것이 바로 실제성, 실재입니다. 모든 수학적인 것이 물리적인 것은 아닙니다. 그것을 생각해야 하지 않겠습니까?

**바디우** 잘 알겠습니다. 그러나 내가 제안하는 일반적 이론의 틀 안에서 '실제성'이 의미하는 것은 무엇일까요? '실제적'이라는 말은 결정된 현세적 선험성transcendantal에 비추어 타당한 것 이외에 다른 것을 의미할 수 없습니다. 나는 물리학이 출현에 대한 지엽적 이론이라고 주장합니다. 그것이 일반 이론임을 말해주는 것은 아무것도 없습니다! 물리학은 필연적으로 물리적인 상관물을 갖기 때문에, 그것은 결정된 세계의 선험성 안에 위치하고, 따라서 경험에 의해 시험되는 특수한 논리-수학적 전체 안에 위치합니다. 분명히 그것은 과학입니다! 나는 그것을 부정하지 않습니다. 그러나 그것은 철학적인 영향력이 반드시 한정되는 과학입니다. 물리학이 갖는 현세적 층위는 언제나 사전에 고정되기 때문입니다. 그런 관점에서, 철학이 실제성의 이론이 아닌 것은 사실입니다. 실제성의 이론은 언제나 과학입니다.

따라서 당신의 말이 맞습니다. 물리학은 실제성의 문제를 제기합니다. 그러나 나에게 그 문제는 실제성이 언제나 국지화라는 사실 그리고 국지화는 결정적으로 선험적인 것이라는 사실에 의해 해결됩니다. 사실상 물리학은 무엇일까요? 이렇게 말해도 좋다면, 물리학은 우리가 살고 있는 물질세계가 지닌 선험성의 현실세계에서의 전개입니다. 물리학은 그렇게 원源국지적인archi-locale 결정 ─ 원자물리학microphysique의 전적으로 독특한 현상들의 결정 ─ 과 천체 물리학astrophysique이라는 더 광대한 층위에서의 결정 사이에서 동요합니다. 원자 물리학은 지금 당장에는 오로지 수학적인 명료함intelligibilité만을 지니고, 천체 물리학은 매우 중요한 수학화된 단편들에도 불구하고 약간은 다윈의 진화론에 상당합니다. 그것은 예측과 해석이 중요한 자리를 차지하는 사유입니다. 예를 들어, 우리는 바로 우리 우주 안에 있는 물질의 3분의 2가 정확하게 무엇인지 모르고 있습니다. 오늘날 미리 최소점을 확보하기 위해서는 거대한 기계들의 힘을 빌려야 합니다. 그 모든 것이 보여주는 것은 다음과 같습니다. 수학화가 물리학 안에서 어느 정도의 보편성, 물리학이 존재론과 '관계한다'는 것을 보여주는 보편성을 지시한다고 해도, 과도한 경험적 요청은 물리학이 수학의 역할에 필적할 만한 철학적 역할을 요구할 수 없다는 점을 드러낸다는 것입니다.

**타르비** 바로 조만간 제네바의 CERN[1]에서 작동할 하드론 분자 가속기와 같은 거대한 기계들과 관련된 것인데요. 수천의 물리학자들이 힉스Higgs의 보존boson, 그라비톤graviton, 그리고 다른 원시 입자들을 찾는 연구에 착수할 것입니다. 우리는 '철학적 기구'에

---

1 Conseil européen pour la recherche nucléaire(유럽 핵연구 위원회). ─ 옮긴이

속하는 그 기계들에 대해 말했습니다. 우리는 물리학이 그리스의 존재론의 문제들을 되찾는 와중에 있다고 말할 수 있을까요? 물리학은 존재론이 될 수 없을까요?

**바디우** 내가 보기에, 거기에 존재론적인 문제들은 없습니다. 중요한 것은 지엽적인 문제들이지요. 우리가 알고 있는 물질적 세계의 선험성의 정확한 본질의 문제들이 그것입니다. 그 문제들은 존재로서의 존재를 대상으로 하는 것이 아니라, 엄격하게 물질적인 층위에 있는 현상을 통해 결정된 존재를 대상으로 하는 것이고, 우리가 경험적으로 실험할 수 있는 것들입니다. 매우 놀라운 것은 그 문제들이 이제 새로운 가설들이 아닌 새로운 기계들을 통해 발전한다는 점입니다. 게다가 물리학은 30년 전부터 연속적인 위기를 겪고 있습니다. 진정으로 충직한 물리학자들은 그것을 인정합니다. 양자 물리학이 정확하게 무엇인지는 아무도 모릅니다. 그것의 수학적 장치는 신뢰할 만하지만, 물리학적 장치로서의 양자물리학은 완전히 기이한 것으로 남아 있습니다.

물리학은 둘로 나뉩니다. 강점의 합체는 정합적인 사유의 수준에서 이루어지지 못하고, 그 결과 [문제의 해결 없이] 앞으로 달아나는 두 가지 측면이 있습니다. 수학적 모델의 편에서, 그것은 너무나 복잡한 나머지 제 경험적 타당성을 검증할 규약이 없고, 실험 기술의 편에서, 그것은 너무나 둔중하여 그것이 해결하는 문제들보다 더 많은 문제들을 제기하는 결과를 낳습니다. 이 명백한 위기 상황은 나로 하여금 물리학이 분명 과학이라는 입장에서 조금도 벗어나게 하지 않지만, 문제가 되는 물리학이란 결정된 세계의 우연성contingence에 대한 거대한 과학이라는 점을 확인하게 합니다. 그래서 물리학은 존재론에 속하지 않습니다. 우연적인 것은 너무나 많아서, 완전히 다른 법칙들에 따라 배열된 다른 세계들이 실존한다는 낡은 생각으로의 복귀를 생각하는 것은 얼마든지 가능합니다.

**타르비** 그래서 물리학은 우리의 동물적 구성과 연결되는 반면, 수학은 오로지 순수 사유에 속하는 것입니까?

**바디우** 사유에 속하는 것에 대해, 당신이 알다시피 나는 출현émergences의 원리를 지지합니다. 삶은 물질로 환원될 수 없는 세계이고, 사유는 삶으로 환원될 수 없는 세계입니다. 어떤 경우에도, 사유는 고유한sui generis 활동입니다. 그러나 물리학에서 그런 것처럼, 우리가 사유와 경험적 한계의 가장자리에 있을 때, 우리는 사유 자체와는 다른 것과 관계된 사유의 형상 안에 있습니다. 그 다른 것이 동물로서의 우리가 살아가는 세계의 선험성le transcendental에 관계된 것이라는 점을 우리는 잘 이해해야 합니다. 이런 관점에서, 물리학은 우리의 동물적 독특성과 연결된 것으로 남습니다. 수학은 그렇지 않지요. 나는 그 유기적인 구성이나 물질적인 장소가 무엇이건 간에, 어떤 생각하는 정신esprit도 수학을 이해할 것이라고 주장합니다. 우리에게, 2500년 전에 증명된 무한한 소수들의 실존을 확언하는 정리가 제 진리와 제 아름다움을 보존하는 것과 마찬가지로, 어떤 생각하는 존재는 우리와 똑같이 그 진리와 그 아름다움을 이해할 것입니다. 그는 아마도 우리보다 수학을 더 잘할 수도 있고, 그렇지 않을 수도 있겠죠. 그 존재는 다른 생각을 가지고 있을 수도 있고, 우리가 전혀 모르는 수학의 분야를 찾았을 수도 있습니다. 그러나 우리는 가장 완전한 사유의 평등 속에서 그와 수학에 대해 토론할 수 있을 것입니다. 그것이 스피노자의 사유 또는 다른 질서 속에서의 라이프니츠의 사유였습니다. 말하자면, 수학은 우리가 신과 수학에 대해 토론할 수 있을 만큼 충분히 절대적입니다.

**타르비** 공통적인 대화의 주제가 바로 그것이군요!

**바디우** 신과 인간 사이의 대화 주제들에 대해, 나는 당신에게 두 가지 진영이 있다고 말하겠습니다. 오로지 수학에 대해서만 신과 토론할 수 있다고 생각하는 사람들이 있고, 오로지 도덕에 대해서만 신과 토론할 수 있다고 생각하는 사람들이 있습니다. 그러나 예를 들어, 우리가 신과 음악에 대해 토론할 수 있다고 생각하기는 어렵습니다. 우리는 신의 귀가 어떤 것일지 잘 모릅니다. 어쩌면 물리학에 대해 토론할 수 있겠지만, 그때 신은 당신에게 이렇게 말하겠죠. "아 그래, 그건 그런 거지. 그건 단지 내가 그때 세계를 그렇게 창조했기 때문이야!" 반대로 도덕에 대해서는, 신과 토론하는 것이 가능하다고 생각합니다.

**타르비** 언젠가 한 교수가 선생님을 신이 없는 라이프니츠라고 규정하는 것을 들은 적이 있습니다.

**바디우** 아마 그렇게 말할 수 있을 겁니다. 그렇지만 만일 당신이 라이프니츠의 체계에서 신을 없앤다면, 당신은 연속적으로 파멸적인 효과들을 얻게 됩니다. 세계는 더 이상 가장 좋은 세계가 아닌, 절대적으로 우연적인 세계가 됩니다. 그리고 만일 그것이 절대적으로 우연적인 세계라면, 예정조화설은 없어져야 하고, 예정조화가 없어진다면, 인간의 행동은 더 이상 통제되지 않습니다…… 차츰차츰 그것은 엄청나게 흐트러집니다. 어쨌든 라이프니츠에게 확실한 것은 우리가 신과 수학에 대해 이야기할 수 있을 것이라는 확신을 그가 가졌다는 점입니다. 라이프니츠는 그것을 통해 세계가 신이 행한 수학적 계산의 결과라고 추론하기까지 합니다. 그는 존재론적 수준에서 물리학을 수학화하고자 시도했습니다. 그에게는 세계에 대한 수학화된 존재론이 있습니다. 실제로, 그의 경우에 물리학은 존재론이 됩니다.

**타르비** 물론 선생님에게는 신이 없지요. 이따금 어떤 이들은 무신론이 수학을 기반으로 구축될 수 있다는 것을 이해하기 어려워

합니다. 우리는 조금 전 수학이 신비주의를 낳을 수 있다는 점을 지적했습니다. 어떤 이들은 수학에서 질서와 아름다움을 볼 것입니다. 그렇다면 한편에 있는 공백과 무신론, 다른 한편에 있는 다수성과 수학 사이의 관계는 선생님께 어떤 것인가요?

**바디우**  수학에 대해서는, 내가 그것에 대해 말하는 것을 엄격한 의미에서 파악해야 합니다. 수학, 그것은 다수 그 자체에 대한 사유입니다. 수학이 발견하는 질서의 원리들은 오직 그것으로부터만 연역됩니다. 어떤 것이 어떤 것에 귀속된다는[어떤 것이 어떤 것의 원소라는] 단 하나의 생각에서 출발하여 진술되는 것으로서의 순수한 다수성의 개념 속에 질서가 없는 것과 마찬가지로, 수학에 질서란 없습니다. 우리는 그것의 결과들을 열거하고, 그 결과들은 전유된 공리적 결정의 기초 구실을 하는 무언가를 그려냅니다. 나는《존재와 사건》에서 모든 공리를 하나하나 공들여 주해했습니다. 나는 집합이론의 모든 공리들을 주해하고, 그 공리들이 어떤 철학적 공간, 어떤 사유의 공간에 속하는지 보여줍니다. 따라서 수학, 그것은 단지 순수한 존재의 복잡성이 합리적으로 지배되는 복잡성이라는 사실인 것이죠. 그 질서는 그저 복합적이지 않은 다수성, 다시 말해 최초의 원자적 통일성을 가리키지 않는 다수성의 형식 아래 순수한 존재가 우리에게 제시하는 복잡성의 질서입니다.

**타르비** 마지막 질문입니다. 선생님께서는 수학적 사유의 영역에서 선생님이 보시기에 강력해 보이는 반대나 비판에 직면하신 적이 있으신지요?

**바디우** 사람들이 내게 반대할 수는 있겠죠. 그렇지만 최대치의 힘을 가진 집합이론이라는 내 선택에 대해서 그런 반대나 비판은 거의 없습니다. 내가 제안하는 집합이론의 유형은 그 사유의 장치를 무화시킬 형식적 모순을 만나지 않는 한, 갈 수 있을 만큼 멀리까지 나아가는 유형입니다. 거기에는 존재에 대한 가설이 있습니다. 문제가 되는 것은 다수에 대한 우리의 사유 속에서 우리가 그 사유의 한계를 밖에서 도입할 이유가 없다는 가설입니다. 예를 들어, 그것은 명백히 우리가 무한한 다수성들의 '현동적인 en acte' 실존을 받아들인다는 것을 함축합니다. 우리는 직관주의자들이 그것에 동의하지 않고, 고전 수학이 매우 주저했다는 것을 압니다. 매우 큰 기수들, 거대 다수성들이 있는가? 원칙에 따라, 나는 그것에 동의합니다. 나는 존재가 그 다양한 가능성 속에서, 개념들의 창조적 힘을 따라가는 데 우리의 경험적 직관의 난점만을 가리킬 뿐인 절대적 명령들을 통해 제한될 이유가 없다고 생각합니다.

"무한, 나는 그것을 고찰하지 않는다. 왜냐하면 나는 연산의 규약에 묶여 있어야 하기 때문이다"라고 말하는 사람들, 이와 비슷한 것을 말하는 사람들 또는 가산집합보다 더 큰 기수들을 인정하기를 거부하는 사람들은 실제로 물리학을 하는 사람들입니다. 말하자면 그들은 제 직관의 제한에 따라 존재를 측정하는 것입니다. 나는 수학의 힘이란 우리의 직관의 유한성에 의해 제한되는 것이 전혀 아니라고 생각합니다. 모순이 없다면, 그것이 계속 작동한다면, 앞으로 나가는 것이죠! 그것은 물론 칸트주의, 신-칸트주의, 직관주의 등과 같은 철학의 비판적 전통에 완전히 대립적인 관점입니다. "조심하시오. 우리는 경험을 인도하는 직관보다 더 멀리 나갈 수 없소"라고 언제나 말하는 것이 전통이죠. 측정 가능한 또는 말로 표현할 수 없는 기수에 대해, 당신은 완전히 합리적인 정의를 손에 넣을 수 있지만 당신이 언제나 그것에 대한 직관을 거머쥐기 위해 동분서주할 수 있는 것이 사실이죠!

철학자는 그런 수학적 세계를 사랑할 수 있고, 사랑해야 합니다. 그 세계에서는 개념이 너무 순수하고 강력해서 철학자는 직관을 조롱합니다. 이미 고대 그리스에서의 무리수들의 발견은 수라는 것에 대한 진부한 직관을 조롱했습니다. 그러한 종류의 개념의 지배력souverainenté은 플라톤이 이데아Idée라고 부르는 것의 수학적인, 따라서 존재론적인, 이미지와 같은 것입니다.

5장

# 철학

# 《존재와 사건》, 《세계의 논리》, 그리고 《진리들의 내재성》

**타르비**  이제 앎과 철학의 문제에 대해 논의하도록 하죠. 저는 그 논의를 기쁨이라는 각도에서 접근했으면 합니다. 앎의 기쁨은 더구나 선생님께서 과학이라는 조건에 결부시킨 정동입니다. 아리스토텔레스의 관조적인 삶과 스피노자의 지복béatitude에 대해 생각해보기로 하지요. 내친 김에 말하면, 저는 선생님이 사랑의 조건에 대한 분석에서 기쁨이라는 용어를 사용하지 않으신다는 점에 주목합니다.

**바디우**  우리가 말했던 것처럼, 사랑의 형상은 진리 절차들 중 하나입니다. 나는 실제로 둘 사이의 앎에 대한 이 규약에, 사랑이라는 둘의 관점에서 본 이 세계관에 특수하게 긍정적인 정동의 형식이 있다고 생각합니다. 더 일반적으로는, 진리 절차와 관련된 정동에 대해, 나는 정치에 대해서는 열광을, 과학적 인식에 대해서는 기쁨을, 예술에 대해서는 즐거움을 그리고 사랑에 대해서는 행복을 말하기로 결정했습니다. 내가 그것들에 대해 기술하지 않았고, 이 정동들의 현상학 안으로 들어가지 않은 것은 사실입니다. 아마도 《존재와 사건: 진리들의 내재성》이라는 개괄적인 제목이 붙은 연작의 제3권을 쓰는 데 성공한다면, 아마도 나는 그 문제를 개선할 것입니다. 이 책은 진리 절차에 합체되고 이념에 포획될 때, 규정된 개별자에게 일어나는 일 전체를 대상으로 할 것입니다. 나는 새로운 지점들, 특히 이러한 정동들이 구분되는 지점들에 대해 논의해야 할 것입니다. 다시 말해, 행복은 즐거움이 아니고, 즐거움은 기쁨이 아니라는 것 말입니다.

**타르비** 저는 선생님께서 계획하시는 이 저작, 《진리들의 내재성》이라는 저작에 대해 좀 더 알고 싶습니다.

**바디우** 우선 내용들을 조망해보도록 하죠. 상당히 간단하게 조망할 수 있습니다. 3부작의 제1부로 간주될 수 있는 《존재와 사건》은 주로 존재의 문제와 관련됩니다. 아리스토텔레스가 말하는 바와 같은 존재로서의 존재란 어떤 것인가? 그것을 알기 위한 길과 수단은 어떤 것인가? 나의 존재론적 명제는 존재로서의 존재가 순수한 다수성multiplicité, 다시 말해 원자들로 구성되지 않는 다수성이라는 것입니다. 존재는 분명히 원소들로 구성되지만, 그 원소들 또한 다수성들로 구성된 다수성들입니다. 그럼에도 우리는 일자l'Un가 결코 아니라 — 일자는 필연적으로 원자겠죠 — 공백인 어떤 정지점un point d'arrêt에 도달합니다. 결국 그것이 존재에 대한 나의 명제입니다. 존재에 관한 앎에 대해 말하면, 나의 명제는 존재론 — 존재에 대한 담론 — 을 수학과 동일시하는 것이지요. 다른 한편, 《존재와 사건》은 그것에 대응하여 진리의 형식적 이론으로서 진리 이론을 상술합니다. 말하자면, 진리들은 다른 모든 것과 마찬가지로 다수성이라는 것이죠. 중요한 것은 어떤 종류의 진리인가를 아는 것입니다. 따라서 이 책은 존재의 이론과 진리의 이론을 한꺼번에 다루고 있습니다. 그 모든 것이 순수 다수의 이론 안에 있는 것이죠.

3부작의 제2부인 《세계의 논리》는 출현의 문제에 집중합니다. 그런데 '존재'와 '출현'은 철학사에서 전적으로 고전적인 범주들입니다. 중요한 것은 존재로부터, 규정된 세계들에 나타나는 것과 그 세계들에 속한 대상들 사이의 관계를 구성하는 것에 대한 이론입니다. 나는 전체적 구성에서 이 부분을 논리학이라고 일컬을 것을 제안합니다. 문제가 되는 논리학은 더 이상 있는 것의 구성을 대상으로 하는 논리학이 아니라, 국지적으로 세계 속에 나타나는 모든 것들 사이에서 만들어지는 관계들을 대상으로 하는 논리학입니다. 그러므로 그것은 존재의 이론에 이어, 현존재l'être-là의 이론—헤겔의 것에 가까운 용어를 사용하자면—다시 말해 독특한 세계 속에 위치하고 배치되는 것으로서의 존재에 대한 이론인 것이죠.

《세계의 논리》에서, 진리의 문제는 당연히 되풀이됩니다. 《존재와 사건》은 유적인 다수성으로서의 진리들을 다룹니다. 《세계의 논리》와 함께, 우리는 현실적인 몸corps이라는 문제, 그 몸들의 관계들의 논리라는 문제, 특히 진리들의 출현이라는 문제 안으로 들어갑니다. 만약 세계 속에서 나타나는 모든 것이 몸이라면, 진리의 몸의 문제를 논의해야 합니다. 첫 번째 책이 유적인 다수성들로서의 진리 이론을 목적으로 삼았기 때문에, 결국 두 번째 책은 넓게 진리체corps des vérités의 이론인 몸의 이론théorie des corps을 그 목적으로 삼는 것입니다.

세 번째 책의 기획은 진리들의 관점에서 문제를 검토하는 데 있을 것입니다. 첫 번째 책은 존재에 대해 진리들은 어떠한가를 묻고, 두 번째 책은 출현에 대해 진리들은 어떠한가를 묻습니다. 세 번째 책은 진리들의 관점에서 존재와 출현은 어떠한가를 묻게 될 것입니다. 그렇게 나는 문제를 쭉 돌아보게 될 것입니다.

인간적인 관점, 인류학적 관점에서 진리는 더 광범위한 집합들 안으로의 개별적인 합체들로 이루어집니다. 따라서 세계와 세계의 개별자들을 진리 과정 그 자체의 내부에서 검토할 때, 나는 그것들이 어떻게 현시되고 배치되는지 알아내고자 합니다. 어떤 점에서 그것은 앞선 두 책의 시각을 뒤집는 문제입니다. [이전에는] 존재의 관점에서 그리고 세계의 관점에서 진리란 어떤 것이었는지 자문했다면, 지금은 진리들의 관점에서 존재와 세계는 어떠한지 자문하는 것입니다.

우리는 필연적으로 이전의 두 저작들에서 이 주제의 실마리를 찾습니다. 《존재와 사건》은 특히 진리들이 지식의 형상으로 세계에 복귀하는 것에 대한 아주 복잡한 이론을 포함합니다. [그 책이] 주장하는 바는, 진리가 존재론적 상황을 다르게 밝히는 방식을 우리는 지식, 새로운 지식, 지식의 창조라고 부를 것이라는 점입니다. 그것은 플라톤 철학과 유사합니다. 우리는 동굴을 빠져

나가면서 이데아에 도달하지만, 이데아로부터 동굴을 밝히기 위해 동굴로 다시 내려가야 합니다.[1]

**타르비** 수많은 위험을 무릅써도 좋다는 말씀이시죠!

**바디우** 위험이 가장 큰 순간은 바로 실제 동굴로 귀환하는 순간입니다. 당신이 진리라고 믿는 것의 관점에서 있는 그대로의 세계에 대해, 지배 이데올로기에 대해 당신의 입장을 표명하는 순간 말입니다. 이 귀환의 문제를 나는 이미 《존재와 사건》에서 강제forçage의 이론이라는 이름으로 다룬 적이 있습니다. 말하자면 우리는 진리에서 출발하여 지식의 전환을 강제하는 것이죠. 그것은 아주 복잡한 이론입니다. 사실을 말하면, 플라톤에 있어 동굴로의 귀환에 대한 이론이 그 정도로 복잡한 것처럼 말이죠. 플라톤은 요컨대 그것에 대해 많은 것을 말하지 않습니다. 그저 귀환이 매우 위험하고 어려우며 불확실하다는 정도만 말하지요.

**타르비** 귀환으로 강제되어야죠. 그렇지 않으면 우리는 진리의 관조라는 평온한 영역에 남을 테니까요.

---

1 바디우가 언급하고 있는 동굴로의 귀환에 대해서는 플라톤, 《국가·정체》, 박종현 역주, 서광사, 1997, 452-453쪽(516c-517a)을 보라. - 옮긴이

**바디우** 그렇죠. 그리고 그 점에서 강제라는 용어는 여기서 완전히 자기 자리에 있는 것입니다. 그것은 당연하고 자연발생적인 절차가 아닙니다. 《세계의 논리》에 대해 말하면, 그 책은 강제의 이론을 포함하지 않지만, 진리체의 구축과 관련된 구체적이고, 출현적이며, 경험적인 조건들의 현상을 가로지르는, 세계의 독특성과 진리의 보편성 사이의 밀접한 관계들에 대한 이론을 포함하고 있습니다.

나는 진리가 몸이라고 주장합니다. 그와 같이, 진리는 있는 것으로, 다시 말해 개별적인 다른 몸들로 만들어지고, 그것이 바로 합체incorporation라 불리는 것입니다. 이 합체는 진리가 세계 속에서 나아가는 방식에 대해 그리고 그 세계 그 자체에 속한 재료들, 다시 말해 몸과 언어가 진리와 맺는 관계에 대해 설명합니다. 당신이 알다시피, 나는 《세계의 논리》를 "진리들이 있다는 점을 제외하면, 세계에는 몸과 언어만이 있다"는 문구로 시작합니다. 나는 이 "~을 제외하고"에 대한 첫 번째 검토를 행합니다. 진리는 또한 몸과 언어, 주체화할 수 있는 몸들입니다. 몸과 언어에 대한 진리들의 관계를 밝히기 위해, 나는 《존재와 사건》에서의 강제에 해당하는 개념을 사용합니다. 양립 가능성compatibilité이라는 개념 말입니다. 진리체는 실제로 기술적인 동시에 기초적인 의미에서 양립 가능한 원소들로 이루어집니다. 말하자면, 그 원소들이 어떤 동일한 원소에 지배당한다는 것이지요.

사실상 진리는 언제나 필연적으로 양립 가능하지 않았던 것을 양립 가능하게 만드는 무언가를 통해 결합되고 지배되거나 조직되는 다수성입니다. 아주 간단한 예를 들면, 과거 혁명 정당이었던 것에 대한 관념의 상당 부분은 지식인들과 노동자들이 양립 가능해지는 이론, 정치가 정상적으로는 양립 가능하지 않은 계급의 차이를 양립 가능하게 만드는 이론을 창안하는 데 있었습니다. 그람시의 유기적 지식인 이론과 그와 유사한 다른 이론들이 그런 유형에 속합니다. 그 이론들은 대립으로서의 계급의 차이만을 다루는 것이 아니라, 계급들 사이의 실존하지 않는 양립 가능성을 창시합니다. 그로부터 가령 계급 동맹의 이론들이 나옵니다. 미학에서도 우리는 동일한 질서의 상황을 발견합니다. 주체로 간주되는 예술 작품은 양립 가능하지 않은 것, 절대적으로 분리된 것으로 간주되었던 것들 사이의 양립 가능성을 창조합니다. 회화는 서로 잘 어울릴 것 같지 않은 색채들 사이의 양립 가능성, 조화를 이루지 않았던 형식들 사이의 양립 가능성을 만들어냅니다. 회화는 형식들과 색채들을 더 높은 유형의 양립 가능성 안에 합체합니다.

요컨대 존재론적 수준에서의 강제 개념과 현상학적 수준에서의 양립 가능성 개념은 이미 진리와 진리가 전개되는 상황 사이의 관계를 다루는 것입니다. 만약 내게 그것을 쓸 용기가 있다면, 세 번째 책은 그 모든 것을 체계화할 것입니다. 어떻게 보면 그 책은 다음과 같은 물음을 위해 서로 다른 유형의 진리 안에 자리할 것입니다. 진리의 관점에서 어떤 세계 전체에 접근할 때, 어떤 일이 벌어질 것인가? 존재론적으로 한 상황을 이루는 평범한 일상적 다수성들에 대해 유적인 다수성의 관점을 채택할 때, 존재론적으로 어떤 일이 벌어질 것인가?

당신이 처음에 던진 기쁨의 문제로 돌아가자면, 당신에게 말할 수 있는 것은 내가 개별적인 층위에서 합체의 과정을 알리는 독특한 정동들을 다루게 되리라는 점입니다. 사랑의 행복이란 무엇인가? 미적인 즐거움이란 무엇인가? 정치적 열광이란 무엇인가? 과학적 기쁨—또는 지복—이란 무엇인가?《진리들의 내재성》에서 기쁨은 다른 세 가지 정동들과 함께 체계적으로 연구될 것입니다.

**타르비** 그 책의 주요한 구성점들은 무엇입니까?

**바디우** 나는 내가 방금 간략히 소개한 문제에 대한 더 기술적이고 더 정확한 주요 진전을 첫 부분으로 계획하고 있습니다. 이어서 두 번째 부분에서는 진리들의 관점에서 출발하여 세계와의 관계를 알리는 일반적인 규약을 추출할 계획입니다. 그렇게 개별적 합체와 그것을 알리는 정동의 일반 이론이 갖춰질 것입니다. 거기서 제기되는 질문은 그런 것들입니다. 진리의 관점에서 세계를 밝힌다는 것은 무엇인가? 장애물은 무엇인가? 승리는 무엇이고, 실패는 무엇이며, 창조란 무엇인가? 세 번째 부분에서는 예술, 과학, 사랑 및 정치에 대한 체계적 이론을 제안하면서, 각 진리의 절차를 하나하나 다시 짚어볼 것입니다. 그런 이론은 내 작업의 많은 대목에서 개괄적으로 묘사되기는 하지만, 어디에서도 [온전하게] 제시되지는 않습니다. 그것이 바로 아직 나오지 않은《진리들의 내재성》의 이상적인 계획입니다.

**타르비** 선생님은 그런 방식으로 철학의 네 가지 조건들을 통일할 것을 제안하시는 겁니까? 그 통일성은 무엇일 수 있을까요?

**바디우** 나는 그 절차들 사이에 있는 공통성의 이론과 그 절차들의 잠재적으로 가능한 통일성의 이론을 제시할 생각입니다. 그것은 정확하게 두 번째 부분의 주제가 될 것입니다. 이 부분에서는 예전과는 달리 진리들 자체의 관점에서 진리 이론을 다시 다룰 것입니다. 진리를 익명적 존재 또는 세계의 대상들과 구분하는 것이 무엇인지 자문하는 것이 아니라, 진리 그 자체를 판별하는 것이 무엇인지 자문하는 것이 중요할 것입니다. 그러나 철학에 대한 나의 질문을 계속하는 것 역시 중요합니다. 당신이 알다시피 나는《철학을 위한 선언》[2]에서 공가능성compossibilité의 장소, 네 가지 조건들을 위한 공존의 장소를 창조하는 것이 철학이라고 정의합니다. 남아 있는 것은 거기에 더하여 철학이 이 절차를 합

---

2 *Manifeste pour la philosophie*, éditions du Seuil, Paris, 1989(번역본,《철학을 위한 선언》, 서용순 옮김, 도서출판 길, 2010). 또한 *Second manifeste pour la philosophie*, éditions Fayard, Paris, 2009를 보라.

체하는 삶의 형상에 근거하느냐를 검토하는 것입니다. 그것은 사람들이 내게 매우 자주 제기하는 문제이고, 나는 그 문제에 정면으로 대응할 작정입니다.

그것은 어떤 방식으로는 '완전한 삶이란 무엇인가?'라고 자문하는 것으로 귀착됩니다. 나는 단지 참된 삶에 대해 말하는 것이 아닙니다. 게다가 나는《세계의 논리》의 마지막 부분에서 이 참된 삶의 문제에 대해 논의합니다. 참된 삶이라는 무엇인가라는 질문에 대해 랭보는 참된 삶이란 없다고 말하지만 나는 그것이 있을 수 있다고 주장합니다. 그것은 이념Idée의 표지 아래 사는 것, 다시 말해 실제적인 합체의 영향 아래 사는 것입니다. 완전한 삶에 대한 질문은 그와 가까운 것이지만, 또 다른 질문, '이념들idées의 이념이 있는가?', 다시 말해 '완전한 삶의 이념이 있는가?'라는 질문입니다. 그렇게 우리는 고대의 지혜에 대한 야망으로 되돌아가는 것입니다. 우리는 오로지 삶에 대한 최초의 열망, 이념과 진리로 표시될 뿐만 아니라, 진리에 대해 실험될 수 있는 모든 것이 실험될 완성된 삶이라는 이념으로 표시되는 열망을 되찾는 것입니다.

**타르비** 그렇다면 우리는 철학적 주체에 대해, 또는 철학의 주체에 대해 말할 수 있겠습니까? 그 주체가 어쩌면 부재하는 네 가지 조건들의 중심일까요?

**바디우**  그 네 가지 조건들의 중심은 철학 그 자체이지 그 실존이 의심스러운 철학적 주체가 아닙니다. 그럼에도 당신이 제기하는 질문은 또한 이 세 번째 책을 사로잡고 있습니다. 나는 언제나 철학이 다른 절차들과 마찬가지로 진리의 절차라는 테제에 대항해 왔습니다. 철학은 다른 것들과 같을 수 없습니다. 왜냐하면 철학은 다른 절차들의 실존에 의존하는 반면, 예술도, 과학도, 사랑도, 정치도 철학의 실존에 기대지 않기 때문입니다. 따라서 철학은 네 가지 유형의 진리 절차와의 관련 속에서 변경되는 것이 확실합니다. 어쨌든 그럼에도 철학적 주체의 자리가 지정될 수 있는지 없는지의 문제는 열려 있습니다. 철학적 주체가 있다면, 무엇이 문제가 될까요? 철학에 접근한다는 것은 무엇일까요? 철학에 속해 있다는 것은 무엇일까요? 우리가 합체를 정치적 투사나 예술가, 학자 또는 연인을 통해 찾는다는 의미에서, 분명히 철학적 합체incorporation란 없습니다. 그렇지만 우리는 철학 속에서 일관적 사유에 적절하게 접근하는 것이지 무에 접근하는 것이 아닙니다. 문제는 열려 있습니다. 만약 우리가 철학의 주체가 실존한다고 가정한다면, 그 주체의 자리는 무엇일까요? 당신이 제시하는 것처럼, 철학의 주체는 부재하는 중심일까요? 철학이 진리의 주체라는 것에 대한 일반 원리를 제안하는 것은 분명합니다. 그러나 어떻게 이 철학적 명제 안으로 진입하고, 어떻게 그 안에서 살아갈까요? 어떤 새로운 방법으로 철학은 진리의 절차들로 귀환할 수 있게 할까요? 최종적으로, 어떻게 철학은 참된 삶 또는 완전한 삶으로의 길을 열어놓을 수 있을까요? 내가 제기할 문제들은 그런 것들입니다. 그 문제들에 대한 나의 접근법은 언제나 약간 불확실했던 것이 분명합니다. 내 앞에는 정리되지 않은 문제가 있는 것이죠. 내 철학이 모든 문제를 해결했다고 주장하는 것은 내 철학이 체계적이기 때문은 아닙니다!

**타르비** 그래서 선생님께서는 선생님의 철학의 몇몇 지점들에 대해 만족하지 못하시는 것인가요?

**바디우** 어쨌든 오늘에 이르기까지 나에게는 몇몇 문제들에 부정적으로 접근하는 경향이 있었습니다. 무언가를 제안하기보다는 거부하면서 말입니다. 그렇게 나는 철학이 사물의 일반적인 통일인 것은 단지 철학이 일반적인 수사학이기 때문이라는 소피스트적 테제를 반박해왔습니다. 20세기의 언어적 전회는 근본적으로 철학을 일반적인 수사학과 동류시하는 유형의 원리로 귀착됩니다. 그것은 바바라 카생Barbara Cassin[3]의 테제에까지 가닿을 수 있습니다. 다시 말해 존재론은 없고, 오로지 담론 연구logologie만이 있을 뿐이며, 우리가 존재라고 상상하는 모든 것을 분명히 드러내고, 구성하는 것은 언어일 것이라는 테제 말입니다. 20세기에는

---

3  프랑스의 현대 철학자. 하이데거와 언어적 전회, 소피스트적 사유에 대한 주목할 만한 연구를 내놓았다. 바디우와 함께 라캉과 하이데거에 대한 논쟁적 저서를 집필한 바 있다. ─옮긴이

언어의 창조적 역량에 점차 집중되는, 학문적인 동시에 비판적이며 반-교조적인 경향이 있었습니다. 데리다는 완전히 그런 경향 안에 있습니다. 내가 보기에 그것은 철학을 일반적인 수사학으로 만듭니다. 사람들이 원하는 대로 표현한다면, 치밀하고 현대적인 수사학으로 말입니다. 하지만 내가 수차에 걸쳐 말한 것처럼, 나의 영역은 그것과 다릅니다. 나는 플라톤과 소피스트들 사이의 토론 속에 위치합니다.《크라튈로스》[4]에서 확증되는 것처럼, 우리 철학자들은 말이 아닌 사물에서 출발합니다.

그러므로 부정적인 방식으로 나는 이미 철학에의 접근에 대한 일련의 입장을 취했습니다. 더 긍정적인 방식으로, 나는 내가 철학적 작용들이라고 부른 것을 명시했습니다. 그러니까 나는 사건들이 아닌 작용들에 대해 말했던 것이지요. 그 작용들 중 두 가지는 내가 보기에 반박될 수 없습니다. 첫째, 동일화의 작용입니다. 철학은 진리들, 특히 자신의 시대의 진리들을 포착합니다. 진리라는 것의 쇄신된 개념을 구축함으로써 말입니다. 두 번째 작용은 진리의 범주를 통하여 철학이 진리의 상이하고 이질적인 영역들을 공가능하게 만든다는 것입니다. 문제가 되는 것은 식별하고 통일하는 기능입니다. 철학은 언제나 둘 사이에 걸쳐 있습니다. 식별은 참인 것과 참이 아닌 것의 구별인 비판적 이해로 연결되고, 통일은 전체성과 체계의 범주에 대한 상이한 용법으로 연결

---

4 언어와 인식의 문제를 다룬 플라톤의 〈대화〉편. -옮긴이

됩니다.

나는 철학의 이러한 두 가지 고전적인 기능을 유지합니다. 나는 언제나 내가 고전주의자라고 단언해왔습니다. 내가 보여주는 것은 철학이 그 조건들과의 동시대성 속에서 진리의 범주들을 정교화한다는 점입니다. 그 범주들은 철학으로 하여금 그 조건들을 식별하고, 분리할 수 있게 하고, 그 조건들이 일상적 세계의 형편으로 환원될 수 없다는 점을 드러낼 수 있게 합니다. 다른 한편, 철학은 어떻게 보면 그 조건들이 어떻게 한 시대를, 모든 주체가 그 가운데 기입되는 사유의 동학을 구성하는지 보여줌으로써, 동시대적인 것의 개념을 사유하고자 노력합니다.

나는 그 모든 것을 이미 완수했습니다. 그러나 한 걸음 더 나아가, 철학과 삶의 관계가 무엇인지 자문해야 합니다. 그것은 가장 중요한 문제입니다. 만일 철학이 참된 삶의 관점에서 무엇에 소용되는지 말할 수 없다면, 철학은 그저 보충적인 학문 분야일 뿐입니다. 따라서 나는 세 번째 책에서 또한 이 문제에 정면에서 접근하는 가능성을 창조하고자 시도할 것입니다. 철학과 행복의 관계라는 플라톤적인 질문을 계승하는 것이 문제가 될 것입니다.

**타르비** 플라톤과 가까운 선생님의 입장에는 주체와 진리에 대해 그와 공유하는 매우 심오한 직관 같은 것이 있지 않습니까? 그것은 소통하기 어려운 직관—저는 특히 플라톤이 선의 말할 수 없는 특성을 단언하는 것으로 보이는 《국가》의 6권을 염두에 둡니다―그리고 선생님으로 하여금 지금《진리들의 내재성》을 쓰도록 추동하는 그런 직관인가요?

**바디우** 나는 당신의 질문이 전적으로 타당하다고 생각합니다. 내가 지금껏 오로지 차별적인 방식으로만 진리 그리고 결과적으로 주체―주체는 진리의 방향 설정의 규약이고, 진리와 주체는 절대적으로 연결되어 있습니다―를 다루어왔다는 사실에 내 스스로도 놀랍니다. 나는 진리가 어떤 유형의 다수성인지 자문했습니다. 무엇이 진리를 여느 다수성과 구별하는가? 그것이《존재와 사건》의 기본적인 논점입니다. 그러므로 나는 그 시대에 이미 예외에 발을 들이고 있었던 것입니다. 만약 진리가 세계의 법칙들에서 벗어나는 예외라면, 이 예외가 무엇으로 구성되는지 설명할 수 있어야 합니다. 만약 우리가 존재론의 영역, 존재의 이론의 영역, 존재의 수학적 이론의 영역 안에 있다면, 우리는 진리들을 독특한 것으로 만드는 다수성의 유형이 어떤 것인지 수학적으로 설명할 수 있어야 합니다. 집합론과 코언Paul Joseph Cohen[5]의 정리들에 근거하여, 나는 이 다수성이 유적인 것이라는 것을 밝힙니다. 달리 말하면, 그것은 사용 가능한 지식을 통해 사유되지 않는 다수성이죠. 사용 가능한 지식의 어떠한 술어도 그 다수성이 무엇인

---

5 미국의 수학자. 집합론의 난제인 연속체 가설을 체르멜로-프랭켈 공리를 통해 증명할 수 없음을 보여주었다. ―옮긴이

지 확인할 수 있게 하지 않습니다. 코언의 기법은 바로 그것에 소용되는 것이지요. 말하자면, 그 기법은 지식 속에서 유통되는 술어를 통해 식별되지 않는 식별 불가능한 다수성이 실존할 수 있다는 것을 보여주는 것입니다. 그런 방식으로, 진리들은 그 존재 자체의 수준에서 지식으로부터 벗어납니다. 그것은 진리의 긍정적인 규정인 듯합니다. 진리는 유적인 다수성이라는 것이지요. 그러나 더 가까이 들여다보면, 문제가 되는 것은 부정적 규정입니다. 다시 말해 그것은 사용 가능한 지식으로 환원될 수 없는 다수성이라는 것이지요. 따라서 진리의 정의는 진리의 내부적 요소가 아니라 차별적인 요소를 통과하는 것입니다.

《세계의 논리》에서, 진리는 주체화할 수 있는 몸corps으로 정의됩니다. 그것의 고유한 특성은 무엇일까요? 여러 특성이 있지만, 한 가지가 핵심적입니다. 그 몸의 구성에 대한 규약은 그 몸을 구성하는 모든 것이 양립 가능하다는 것입니다. 그렇다 하더라도, 그 양립 가능성은 실질적으로 진리라는 것의 관계적인 특성일 뿐입니다. 진리의 내부에서, 우리는 그것의 모든 원소들 사이의 양립 가능성의 관계를 발견합니다. 그것은 객관적인 특성입니다. 두 가지 경우 모두에서, 나는 진리의 존재와 진리의 출현에 대한 각각의 정확한 객관적 규정에 도달했습니다. 그러나 정확하게 주체적 규정은 놓치고 있습니다. 그 모든 것은 진리 절차의 내부에서 체험된 진리가 무엇인지, 다시 말해 진리의 주체 자신에게 진리란 무엇인지 우리에게 말해주지 않습니다.

내 생각에, 그 문제들에 대한 나의 대답은 지나치게 기능적인 것으로 남아 있습니다. 존재론적 층위에서, 내가 말하는 것은 주체란 어떤 (지)점이라는 것, 진리의 국지적 순간이라는 것입니다. 현상학적 층위에서, 내가 말하는 것은 주체란 주체화할 수 있는 몸의 구축에 속해 있는 방향 설정의 기능이라는 것입니다. 그 자체가 객관적인 것으로 남아 있는 것은 바로 기능적인 정의들입니다. 이번에는 내재적인 방식으로 검토된, 다시 말해 그 자체로 주체화된 진리의 규약을 구체화하고, 기입하고, 조직하는 무언가에 도달해야 합니다. 《주체의 이론》에서 나는 '주체적 과정'과 '주체화'를 구분했습니다. 그 구분을 활용한다면, 나는 《존재와 사건》과 《세계의 논리》가 '주체적 과정들'에 대한 결정적인 내용들을 포함하지만, '주체화'는 모호한 상태로, 부정적으로 그리고 순전히 차별적인 방식으로 다루어진 채로 남아 있다고 말할 것입니다. 주체화는 진리의 규약을 내부에서부터 주체화하는 방식입니다. 주체화라는 것에 대한 직관을 놓치고 있는 것이죠.

**타르비** 《진리들의 내재성》에서 우리는 새로운 형식론formalism을 발견하게 될까요, 아니면 선생님께서 이미 사용하셨던 형식론들의 조합을 보게 될까요?

**바디우** 어쨌든 지금 내가 알고 있는 것은 그것이 부정의 범주에 대한 형식적 전환을 전제하게 될 것이라는 점입니다. 진리의 주체적 규약들이 개별자들로의 결집 또는 합체로 이루어질 때, 거기서 문제는 진리의 규약 내부에서 개별화된 차이가 어떻게 기능하는지 밝히는 것입니다. 그것은 언제나 내가 관심을 가졌던 문제입니다. 간단한 예를 들어보죠. 두 사람이 그림을 봅니다. [그때] 우리는 합체의 단편을, 어떤 정동affect을 통해 알려지는, 지성의 노동을 통해, 그 그림을 향해 고정된 시선을 통해 알려지는 단편을 얻게 될 것입니다. 실제로 진리가 언제나 합체에 열려 있다는 점을 지적하기 위해, 나는 창작자의 관점보다는 관객의 관점을 취합니다. 합체라는 주체화 행위는 두 관객에게 동일한 것일까요? 문제가 되는 것은 동일성일까요, 양립 가능성일까요? 우리는 어쨌든 이 경험 한가운데에 있는—게다가 수백만의 사람들이 그런 같은 경험을 할 수 있습니다—이원성이 주체의 통일성을 깨뜨린다고 말할 수 없습니다. 어떻게 그것이 가능할까요? 진리에 대한 회의론의 대부분은 이런 유형의 경험에 뿌리를 내리고 있습니다. 각자가 자신의 진리를 갖는다고 피란델로Luigi Pirandello[6]는 말했습니다! '각자가 자신의 진리를 갖는다'는 말은 진리가 전혀 없음을 함축합니다. 그림의 경우, 각자의 지각에 따라 분리될 유일한 대상이 있을 것입니다.

왜 지금, 그것이 부정의 문제로 향하는 것일까요? 왜냐하면 모

6  이탈리아의 극작가. 뿌리 깊은 회의주의를 바탕으로 인격의 다면적 특성을 다룬 많은 희곡을 썼다. 1934년 노벨 문학상을 수상했다. ─옮긴이

든 문제는 그 차이가 가리키는 부정의 유형이 무엇인지 아는 데 있기 때문입니다. 각자는 각자의 방식으로 그림을 보고, 한 사람의 지각은 다른 사람의 지각이 아닙니다. 그러나 '아니다'라는 말이 의미하는 것은 무엇일까요? 지각을 분리시키고 회의주의로 향하는 것은 이 '아니다'라는 말이 고전적인 부정이라는 생각, 다시 말해 여러 지각들 중 하나가 다른 지각과 상반될 수 있고 그래야 한다는 생각입니다.

**타르비** 선생님은 통상적인 부정의 그런 회의적인 결과를 피하기 위해 어떤 부정의 이론에 의지할 수 있다고 생각하시나요?

**바디우** 브라질 출신의 다 코스타Da Costa[7]에 의해 발견된 세 번째 유형의 논리(고전논리, 직관주의 논리 이후)로, 모순의 원리를 유효한 것으로 두지 않는 모순허용 부정의 이론la théorie de la négation paraconsistante(모순허용 논리학paraconsistent logic)에 의지합니다. 세 번째 책에서 전면적으로 도입될 새로운 형식론은 모순을 허용하는 부정인데, 그 형식론은 무-모순의 원리에 명시적으로 반대합니다. 진리가 문제가 될 때, 그 형식론은 모순적 지각들을 공존할 수 있게 하고, 진리의 통일성을 중단시키지 않습니다. 사랑의 한가운데에서 그런 종류의 문제가 제기되기 때문에, 그것은 내게 더욱

---

7  브라질의 논리학자, 철학자. 모순 허용 논리학의 창시자다. ―옮긴이

흥미롭습니다. 내가 주장하는 것처럼 사랑을 완전히 이해하기 위해서는, 여성적 입장과 남성적 입장 — 어떤 점에서는 완전히 분리된 입장들 — 의 공존에서 출발해야만 한다는 것을 받아들인다면 말입니다.

**타르비** 그렇게 우리는 이 부정의 문제와 다시 만나게 되겠죠. 아마도 네 가지 조건들 속에서 말입니다.

**바디우** 맞습니다. 결국 《존재와 사건》의 주요 형식론이 집합이론과 코언의 정리였고, 《세계의 논리》의 주요 형식론이 다발 이론la théorie des faisceaux, 즉 논리의 위상학화topologisation였다면, 세 번째 책의 형식론은 무-모순의 원리의 한계에 대한 모든 성찰을 동반하는 모순허용 논리학일 것입니다.


## 철학자와 전달


**타르비** 저는 지금 선생님께 가장 일반적인 질문, 확실히 우리를 플라톤에게 데려갈 질문을 드리고자 합니다. 모든 철학자는 진리와의 주체적 접촉 — 어떤 점에서는 진리와의 만남이라는 그의 개인적 지점—에서 출발한다고 말할 수 없지 않을까요? 그가 자신의 철학을 통해 전달하고자 노력하는 것은 바로 그 지점이지만, 동시에 철학자는 자신의 본심으로는 그 지점이 절대적으로 고유한 진리와 자신의 접촉이기에 전달 가능하지 않다는 것을 알고 있습니다. 그것이 특히 플라톤이 느꼈던, 선의 이데아를 정의하는 어려움을 설명하지 않습니까? 그 지점에서 우리는 형언할 수 없는 것에 이르는 위험에 처하지 않을는지요?

**바디우** 우리는 실제로 거기서 형언할 수 없는 것의 지점에 이릅니다. 그것은 많은 철학적 배치 속에서 벌어집니다. 우리는 궁극적인 실재적 지점인 한 지점에 도달합니다. 라캉이 말하는 것에 비추어, 그 지점은 상징화되지 않습니다. 예를 들어, 스피노자는 신의 지성적 직관인 궁극적 지점을 명명하지만, 그는 그로부터 실재적 직관을 부여하지는 않습니다. 그 증거는 그것에 대한 최상의 근사치가 수학적 인식에서 느껴지는 지복이라는 것입니다. 그런데 수학적 인식은 제2종의 인식이지, 제3종의 인식이 아닙니다. 따라서 궁극적 지점에 대한 직관은 파악되지 않는 것입니다. 플라톤에 관해 말하면, 《국가》편에서 그는 선의 이미지를 제외하면 다른 아무것도 제시할 수 없다고 단호하게 선언합니다.

부분적으로 《진리들의 내재성》은 그 지점을 형언할 수 없는 지점으로 한정시키는 희망을 가지고 그 지점을 최대한 둘러싸는 시도가 될 것입니다. 문제는 그 지점을 가능한 한 형언할 수 없는 성격이 덜하게 만들고, 따라서 가능한 한 전달 가능하게 만드는 것입니다. 하지만 나는 현 시점에서 내가 이 방향으로 어디까지 가야 할지는 알지 못합니다.

**타르비**  그런 점에서, 선생님은 플라톤주의자가 아닙니다. 플라톤이 궁극적인 직관을 전달하기를 포기하는 듯 보인다면, 선생님은 선생님의 궁극적 직관을 전달하고자 한다는 점에서 말입니다.

**바디우**  플라톤은 철학적 경험에서 출발하고, 그에게 그것을 전달하는 필연성은 그 경험과는 무관합니다. 그래서 그는 철학자들이 정치가나 교육자가 되도록 강제되어야 한다고 단언합니다. 철학자들이 선의 이데아로 인도될 때, 그들은 단 한 가지 생각, 선의 이데아에 머무를 생각만 합니다! 진리의 경험 자체의 외부에서 오는 전달의 필연성은 플라톤에게 사회적이고 정치적인 요구입니다.[8] 이 경험은 사회의 일반적 조직의 수준에서 공유될 수 있어야 합니다. 만약 전달되지 않는다면, 사람들은 지배적 의견들의 영향력 아래 방치됩니다. 그러므로 소크라테스적인 의미에서, 젊은이들을 '타락시켜야' 합니다. 다시 말해, 그들에게 지배적인 의견들에 종속되지 않는 방편을 전달해야 하는 것이죠. 나는 이

---

8  플라톤, 《국가 · 정체》, 박종현 역주, 서광사, 1997, 457~458쪽(519c-d)을 보라. 이 부분은 앞서 언급된 동굴로의 귀환과 관련된 대목이다. 플라톤은 철학자가 이데아의 관조에 머무르지 않고, 그 선의 이데아를 전달하는 것을 철학자의 의무로 삼는다. - 옮긴이

러한 철학의 전망에 완전히 공감합니다. 그리고 나는 아시다시피 그 교육학을 고집합니다.

플라톤에게는 진리의 본성이 무엇인지 밝히는 문제에 대한 모호함이 있습니다. 플라톤은 그 진리를 실제로 말하지 않았습니다. 그렇다면 선의 이데아는 신학적 본성에 속하는 것일까요? 우리는 플라톤에 대한 모순적인 해석들이 있었다는 것을 알고 있습니다. 갈릴레이와 다른 여러 이들은 그를 과학적 합리주의의 예증 자체로 이해할 수 있었습니다. 그러나 신플라톤주의자들은 그는 초월적 신학의 예증 자체로 간주했습니다. 그런 불일치들은 플라톤이 그가 말하는 진리에 대해 별 이야기를 하지 않았다는 사실을 통해 설명됩니다.

나에게 진리들은 실존합니다. 나는 진리들을 특징짓고, 어떻게 그리고 왜 진리들이 실존하는지 말했고, 명시적인 방식으로―《진리들의 내재성》에서― 말할 것입니다. 여기서 전달이 어려운 것은 사실입니다. 전달해야 하는 것, 그것은 실존하는 한에서의 진리들이 다른 것들의 예외에 해당한다는 것입니다. 더구나 플라톤 역시 선의 이데아를 예외적인 것으로 제시합니다. 선의 이데아는 이데아가 아닙니다! 자주 언급되는 《국가》편의 구절에 따르면, 그것은 위엄과 힘에 있어 이데아를 훨씬 능가하는 것입니다.[9] 그것은 도대체 무엇일 수 있을까요? 부정 신학은 그

---

9  플라톤, 《국가·정체》, 박종현 역주, 서광사, 1997, 438-8쪽(509b)을 보라. ―옮긴이

것이 신이라고 말할 것이고, 신에 대해 우리는 아무것도 말할 수 없습니다. 합리주의의 편에서, 우리는 모니크 디소Monique Dixsaut[10] 와 여러 다른 이들의 해석—이 경우에는 나의 해석 역시—을 발견합니다. 이 해석은 이데아 그 자체로 환원할 수 없는 가지성intelligibilité의 원리가 있다는 것을 보여주는 데 있습니다. 이데아가 가지성의 원리라는 것은 당연히 이데아를 능가하는 것입니다.

플라톤은 정초적 인물이고, 나에게는 엄청나게 중요한 인물입니다. 그러나 그가 애매하다는 점은 인정해야 합니다. 더군다나 그는 대화를 통해 가능해지는 간접성obliquité을 보여줍니다. 왜냐하면 우리는 누가 말하는지, 누가 진리를 이야기하는지 결코 정확하게 알지 못하기 때문입니다. 그런 것이 급류처럼 흘러내리고, 막바지에 가서 우리는 해답이 아닌 문제를 올바로 파악하곤 합니다. 우리는 플라톤이 어떤 의미로 자기 의사를 표명하는지 정확하게 알지 못합니다. 어느 정도는 계획된 실망이죠. 예를 들어, 《국가》에 등장하는 소크라테스의 대화 상대자들은 플라톤에게 그가 이미 상당히 오랫동안 그들과 이야기한 선의 이데아를 바야흐로 정의할 때라고 지적합니다. 그때 우리가 소크라테스가 거드름을 피우며 대략 "너희들 나한테 너무 많은 걸 바라는 거야!"[11]라고 말하는 것을 보게 됩니다.

---

10  프랑스 파리 1대학 철학과 명예교수. 플라톤 철학의 전문가로 고대 그리스 철학에 대한 많은 연구를 남겨놓았다. ─옮긴이
11  플라톤, 《국가·정체》, 박종현 역주, 서광사, 1997, 432쪽(506d-e)을 보라. ─옮긴이

그건 내 취향이 아닙니다. 나는 정반대로 내가 말할 수 있는 것을 최대한 말하려고 애씁니다. 나는 플라톤보다 더 긍정적이고 덜 애매한 플라톤주의자입니다. 적어도 애는 씁니다. 내가 철학을 가지고 만들어내는 것은 바로 그런 관념입니다. 말하자면, 사람들이 전달 불가능하다고 선언하는 데 만족할 수 있을 법한 어떤 것의 전달을 실행하는 것이지요. 그런 의미에서, 그것이 바로 철학의 고유한 불가능성, 그 목적, 그 끝입니다. 그리하여 나는 오늘날의 회의주의, 문화 상대주의, 일반화된 수사학에 대항하는 싸움에 참여합니다. 정확하게 플라톤이 소피스트들에 대항하는 싸움에 참여했던 것처럼 말입니다. 나에게 중요한 것은 진리의 예외적 입장을 단언하는 것이지만, 그 입장이 그럼에도 전달 불가능하다고 선언하지 않는 것입니다. 왜냐하면 그것은 지배적인 허무주의와 관련하여 상당한 약점을 떠맡는 것이기 때문입니다.

그렇기는 해도, 플라톤이 몹시 그런 것처럼, 나는 진리가 상당히 어렵게 전달될 수 있다는 가능성을 열어둡니다.《국가》에 나오는 철학의 수업 프로그램을 관찰하는 것은 그 점에서 전적으로 흥미롭습니다. 1. 산술算術, 2. 기하학, 3. 입체 기하학, 4. 천문학, 5. 변증술la dialectique로 이루어지는 프로그램이지요.[12] 그런데, 모두가 알아차릴 수 있는 것처럼, 변증술에 대한 대목에는 아무것

---


12  플라톤,《국가·정체》, 박종현 역주, 서광사, 1997, 463쪽 이하(522c 이하)를 보라. — 옮긴이

도 없습니다! 그래서 사람들은 철학적 수업이 수학과 천문학을 기초로 둔다고, 그러므로 과학적 조건에 명시적으로 준거한다고 기록하는 것으로 만족합니다. 이 기초를 넘어, '변증술'은 무언가 다른 것을 명명합니다. 그러나 이 다른 것은 선의 이데아보다 더 명료하지 않습니다.

**타르비** 각각의 철학자는 제 의식 속에서 파악할 수 없는 지점을 찾는다는 베르크손의 유명한 테제에 대해서는 어떻게 생각하십니까? "단순한 어떤 것이, 무한하게 단순한 어떤 것이, 너무나 예외적으로 단순하여 철학자가 그것을 말하는 데 결코 성공하지 못하는 어떤 것이 그 지점에 있다. 그래서 그는 평생토록 이야기했다"[13]라는 테제 말입니다.

**바디우** 내 철학에서 그런 종류의 지점을 본다면, 그것은 우리가 파악하고 확인했던 지점, 그리고 사실상 참의 주체화―단지 진리 과정의 실존뿐 아니라―를 끝까지 사유하는 데 있는 지점입니다. 바로 그것이 내가 합체라고 명명하는 것인데, 합체란 그 객관적 논리 안에서 파악되는 것이 아니라, 주체의 관점에서 다시 파악되는 것입니다. 일반적으로, 이 합체의 직관은 확실히 우리

---

13 Bergson, "L'intuition philosophique", in *La pensée et Le Mouvant*, PUF, Paris, 1938, p.119(번역본,《사유와 운동》, 이광래 옮김, 문예출판사, 132쪽)를 보라. ― 옮긴이

가 말했던 전달하는 어려움에 대한 감정 이외에 아무것도 아닌 독특한 정동affect을 수반합니다. 그것이 바로 내가 계획하고 우리가 이야기했던 저작의 대상이 될 문제입니다.

그렇지만 나는 장애물이 단순성에 있다고 말할지 망설여집니다. 이 단순성은 명백히 베르크손의 존재론, 수학적 존재론이 아닌 생기론적vitaliste 존재론에서 전형적입니다. 생기론적 존재론의 근본적 지점은 운동 또는 순수 지속의 순수한 차이 안에 자리 잡는 데 있습니다. 그것은 실제로 거기에서 절대적 단순성의 경험인 동시에 베르크손에게는 사유의 토대입니다. 그러나 나에게 그런 것처럼, 존재론이 수학적일 때, 출발점은 내부적인 복잡성, 공백 이외의 다른 최초의 단순성을 참조하지 않는 순수한 다수성입니다. 게다가 공백에 대해 아무것도 말할 수 없다는 점은 명백합니다.

결국 나는 경험의 최초 지점, 모든 철학적 교육학이 합류하고 전달하려 노력하는 지점이 있다는 사실에 대해 베르크손과 생각을 같이합니다. 그러나 나는 그 지점의 경험이 단순성의 경험이 아니라 복잡성의 집중된 경험이라고 생각합니다. 나는 사실 스피노자에 상당히 동의합니다. 스피노자가 제3종의 인식으로 제시하는 예, 즉 직관적이고 절대적인 인식은 한 지점으로 모이는 수학적 증명의 예입니다.[14] 그것이 내 취향과 맞습니다. 수학적 증명을 정말 이해했을 때, 단계들은 더 이상 필요하지 않습니다. 다시 말해, 우리는 한 지점에 모인 무언가를 이해한 것입니다. 그렇게 말하고 나면, 교육학은 그 단계들을 도리 없이 되풀이해야 합니다. 왜냐하면 우리가 한 지점에 맞닥뜨리는 한, 그 지점의 복잡성, 숨겨진 복잡성이 있기 때문입니다. 축약된 복잡성을 갖는 것과 베르크손에게 그런 것처럼 순수한 단순성을 갖는 것은 같지 않습니다.

**타르비** 어떻게 우리는 플라톤주의자이면서 동시에 유물론자가 될 수 있을까요? 아카데미적 철학의 기준에 따르면, 이러한 입장은 모순적입니다. 이 의외의 종합, 그것이 선생님의 강점일까요?

**바디우** 나는 나를 아주 놀라게 했던 사실에서 출발할 것입니다. 알튀세르는 아주 단호하게 철학의 주요한 모순이 유물론과 관념론 사이에 있다는 생각을 지지했습니다. 그런데 수학과 현대 과학, 유물론의 총 결산을 고려하는 현대 유물론의 조건 속에서 이 테제를 끝까지 밀어붙이기 위해, 그는 우발적 유물론matérialisme aléatoire이라는 개념을 어쩔 수 없이 도입했습니다. 아주 많은 이유들로, 그는 모든 동시대적 유물론 안에 우연의 문제가 점하는 불가피한 장소를 만들어야만 했는데, 그 이유들 중 가장 눈에 띄는 것은 양자역학의 발전입니다. 내가 펼쳐놓는 유물론적 구상의 통

---

14  Spinoza, Ethica, pars secunda, propositiones XL, scholium II(제2부, 명제 40, 주석 2)를 참고하라. -옮긴이

일성 속에서, 다수성들의 객관적 실존은, 이렇게 말해도 좋다면, 우발적인 것의 가능성을 통해, 실존하는 상태로부터 예견되지도, 계산되지도, 재합체되지도 않는 무언가가 돌발하는 가능성을 통해 제한됩니다. 절대적인 우연적 지점으로서의 무언가가 있습니다. 여기서 우연적이란 선행하는 것에서부터 조직되지 않는다는 의미입니다. 나는 다른 어떤 것도 필요하지 않습니다. 그리고 나는 유물론을 떠나지 않습니다. 어떤 내적인 이유도 유물론이 결정론과 유기적으로 연결되도록 강제되지 않습니다. 결정론이란 단지 유물론의 가능한 관념 중 하나였을 뿐입니다.

유물론의 시작과 더불어 알려진 것처럼, 결정론은 불충분합니다. 초기 원자론에서부터, 장소도 원인도 없는 원자들의 돌발적인 일탈인 클리나멘clinamen은 이 모든 결정에서 벗어나는 사건을 받아들이기 때문이지요. 나는 《주체의 이론》에서 그것에 대해 길게 이야기한 적이 있습니다. 나는 특히 일관성 있고 영웅적인 모든 초기 유물론자들, 신들과 미신으로 가득 찬 세계에서 원자들과 공백만이 있을 뿐이라는 급진적인 테제를 도입했던 데모크리토스, 에피쿠로스, 루크레티우스를 흠모합니다. 그렇지만 그들은 오로지 원자와 공백에서 세계의 사건을 연역할 수 없다는 명백한 사실을 응당 인정해야만 했습니다. 순수한 우연의 형식을 갖는 세 번째 항목이 필요합니다. 결국 내가 "진리를 제외하면 오로지 몸들과 언어만이 있다"고 말할 때, 나는 에피쿠로스의 몸짓을 완수합니다. 나는 예외가 있다고 말합니다. 그러나 예외는 그 자체로 사건의 실존에만 근거를 둡니다. 그리고 사건은 세계의 구조 안에서 우발적인 것의 가능성에 다름 아닙니다.

**타르비** 선생님께 사건은 언제나 맥락 안에 기입되어 있습니다. 그것은 필연적으로 세계 안에서 갑자기 솟아오릅니다. 그러면 세계 자체의 사건은 없는 것인가요?

**바디우** 세계의 사건은 없습니다. 세계 안의 사건들이 있고, 국지적인 중단들이 있는 것입니다. 그러나 어떤 경우에도 나는 결코 사건들을 도입함으로써 유물론에서 벗어났다고 생각하지 않습니다. 어떤 이들은 거기에 새로운 이원론이 있다고 평가했습니다. 사람들은 "당신은 예외를 도입하는데, 그것은 더 이상 유물론이 아니오"라고 말했습니다. 그러나 예외의 효과들은 모두 세계 안에 위치하는 것입니다. 서로 구분되는 가시적인 것sensible의 수준과 가지적인intelligible 것의 수준, 사건의 수준과 세계의 수준이란 없습니다. 게다가 나는 그저 속류 플라톤주의에 속하는 가시적인 것과 가지적인 것의 이원성을 피해가면서 플라톤을 해석할 수 있다고 주장합니다. 확실히, 플라톤은 자주 자신의 생각을 그렇게 설명합니다. 그러나 그가 갖는 애매하고 교묘한 면모와 이미지를 아주 빈번히 사용한다는 점을 잊지 맙시다.

사건으로, 우연적인 것으로 되돌아가기 위해서는 단절이 실제 존재한다는 점을 강조해야 합니다. 그 단절 이전과 이후가 있습니다. 이 단절은 열등한 세계에서 우월한 세계로 옮겨가게 하는 것이 아닙니다. 우리는 언제나 같은 세계 안에 있습니다. 이 단절의 효과들은 분명히 그 단절에 의존하지 않는 것에 대해 확실히 예외의 지위를 갖습니다. 그러나 그 효과들이 세계 자체의 일반적인 논리에 따라 조직된다는 것을 증명해야 할 것입니다. 그것은 증명이고 내가 매번 스스로에게 부과하는 노고입니다. 기적적인 요소를 도입한다고 나를 비난하는 다니엘 벤사이드Daniel Bensaïd[15]와 같은 나의 오랜 마르크스주의자 친구들은 단지 기계론적 유물론자들입니다. 이미 마르크스가 그리고 루크레티우스 역시도 그들과 대결했습니다.


## 변증법의 광대한 횡단


**타르비** 변증법에 관한 질문입니다. 사람들은 선생님의 초기 철학이 변증법에서 출발했고 그 후 이러한 접근법이 약화되었다는 느낌을 가질 수 있습니다. 그럼에도 어떤 이들은 사실은 그렇지

---

15 프랑스의 현대 철학자. 트로츠키주의자로 혁명적 공산주의자 동맹(League communiste révolutionnaire)의 열혈 활동가였고 반자본주의 신당(NPA)의 당원이었다. ―옮긴이

않다고 말하며 선생님의 세 가지 저작인 《주체의 이론》,《존재와 사건》,《세계의 논리》를 연결하는 것이 변증법적 논리학이라고 지적할 것입니다. 선생님의 사유를 논평하거나 해석하는 사람들 사이에서 보이는 불일치에 대해 선생님은 어떻게 말씀하시겠습니까?

**바디우** 내 친구 브뤼노 보스틸스Bruno Bosteels[16]가 아마도 나와는 다른 의미에서 주장하는 것처럼, 나는 실제로 나의 철학적 시도를 변증법의 광대한 횡단으로 간주할 수 있다고 생각합니다. 나는 시종일관 진리들의 존재론적 지위가 예외의 지위라는 생각을 견지해왔습니다. 다시 말해 구성 가능한 것에 대한 유적인 것의 예외, 통상적인 몸에 대한 주체화할 수 있는 몸의 예외, 오로지 몸들과 언어들만이 있다는 단순 유물론un matérialism simpliste에 대한 나의 유물론의 예외 말입니다. 그런데 예외의 범주는 변증법적 범주입니다. 예외의 사유란 언제나 모순적인 두 측면에서 일어나기 때문입니다. 예외를 부정으로 사유해야 합니다. 왜냐하면 예외는 통상적인 것으로 환원될 수 없기 때문입니다. 하지만 예외를 또한 기적으로 사유하지 말아야 합니다. 그러므로 예외는 진리의 과정 ─기적적이지 않은─에 내적인 것으로 그리고 어떤 경우에

---

16 벨기에 출신의 신진 현대 철학자로서 바디우 정치철학에 대한 연구서인 《바디우와 정치》등의 저작을 출판했다. ─옮긴이

도 예외로 사유되어야 합니다.

그것이 아마도 라캉이 '외밀한extime'이라는 말을 통해 말하고자 했던 것이겠죠. 내밀한 동시에 내밀한 것의 외부에 있는 것 말입니다. 그런데 그것이 바로 변증법의 핵심입니다. 예를 들어, 헤겔에게 한 사물의 부정은 그 사물에 내재적이지만, 동시에 그 사물을 넘어섭니다. 변증법의 핵심, 그것은 분리하는 동시에 포함하는 작동인인 부정의 그러한 지위입니다. 그런 의미에서, 나는 지속적으로 변증법 안에 있습니다. 고전적인 마르크스주의와 마르크스주의의 마오주의를 향한 발전에 아주 밀접하게 연결된 책인 《주체의 이론》에서는 특히 그렇다고 말할 것입니다.

**타르비** 《주체의 이론》은 정말 놀라운, 바로크적인 책입니다. 거기에서도 네 가지 조건들이 동시적으로 다루어진다고 말할 수 있을까요?

**바디우** 그렇습니다. 네 가지 조건들의 일반 이론은 없고, 더욱이 사건의 일반 이론 역시도 없습니다. 《존재와 사건》의 기초 범주들은 《주체의 이론》에서 약간은 단편적으로 남아 있는 것을 재합체할 수 있게 하는 것으로서, 《주체의 이론》에서 단지 확실하지 않은 것일 뿐입니다. 그러나 내가 내 철학적 시도의 처음부터 끝까지 부정에 대한 성찰을 추구했다고 말하는 것은 가능합니다. 나는 그저 진리와 진리의 주체의 규약을 매개로 하여 변화 가능성의 근거를, 있는 것의 법칙[존재에 대한 법칙]의 어떤 체제로부터 다른 체제로 이동하는 가능성의 근거를 설명하려고 노력합니다. 그러므로 나는 변증법적 사유 안에 있습니다. 그러나 나의 변증법적 사유가 우연의 형상을 포함하는 까닭에, 나의 사유는 결정론적인 것이 아닙니다. 나는 헤겔적 변증법이 엄밀하게 결정론적이라는 점을 상기시키렵니다. 그런 점에서 헤겔적 변증법은 19세기의 전형적인 거대 사유입니다. 그것은 그 전개의 내재적인 필연성 속에서의 절대적인 것의 자기-전개를 보여주는 스펙터클입니다. 나는 명백히 그 모든 것과 아주 거리가 멀죠. 그것이 내가 헤겔과 매우 긴밀한 동시에 복잡한 관계를 갖는 이유입니다. 나의 세 가지 주요 저서에서, 헤겔은 상세하게 논의된 저자라는 점을 잊어서는 안 됩니다. 《주체의 이론》에서는 변증법적 과정 자체에 대해, 《존재와 사건》에서는 무한에 대해, 《세계에 논리》에서는 현존재ètre-là와 현존재의 범주들에 대해 헤겔을 논의했지요. 그러므로 나는 언제나 헤겔과 긴밀한 토론을 해왔습니다. 그러나 정치적 조건에 대해서 마르크스, 레닌을 비롯한 위대한 혁명적 변증론자들과도 토론해왔습니다. 단지 나는 우연적 요소의 현전을 통해, 부정에 대한 고전적 원칙들과 정확하게 동일하지 않은 단절의 원칙을 도입하는 것입니다.

**타르비** 곧 결론을 내려야 할 텐데요…… 선생님께서는 철학을 어떻게 정의하시는지 말씀해주실 수 있겠습니까?

**바디우** 철학은 진리들이 있다는 확신에서 출발하는 사유의 분과 학문discipline, 독특한 분과학문입니다. 그로부터 철학은 명령, 삶의 전망vision으로 인도됩니다. 그 전망은 무엇일까요? 개별적 인간에게 가치를 갖는 것, 그에게 진정한 삶을 부여하는 것, 그의 실존을 이끌어가는 것, 그것은 그 진리들에 참여하는 것입니다. 그것은 진리들을 식별하는 장치의 구축, 진리들 가운데 순환할 것을, 진리들을 공가능하도록 허용하는 장치의 매우 복잡한 구축을 전제합니다. 그 모든 것은 동시대성의 양식에 대한 것입니다.

철학은 그러한 도정입니다. 그러므로 철학은 삶에서 출발하여 삶으로 갑니다. 우리가 살고 있는 시대가 우리에게 부여한 것은 무엇인가? 이 시대는 무엇인가? 거기서 가치 있는 것은 무엇인가? 철학은 경험의 혼란에 분류를 제시하고, 그것에서 방향을 끌어냅니다. 혼돈에서 건설élévation로 나아가는 이 상승 [과정]은 탁월한 철학적 작용이며 그 특유의 교육입니다.

그것은 진리 개념을 전제합니다. 이 '진리'는 곧잘 다른 이름을 부여받을 수 있습니다. 그렇게, 우리가 여기서 '진리'라고 부르는 것은 들뢰즈 저작의 전 부분에서 '의미sens'라고 불립니다. 나는 어떤 철학 속에서도 내가 '진리'라고 명명한 것을 확인할 수 있습니다. 그것은 '선', '정신esprit', '활력', '실체noumème' 등으로 명명될 수 있습니다. 나는 고전주의를 자임하기 때문에 '진리'를 선택합니다.

따라서 분류가 필요하고, 그것을 위해 분류하는 기구, 다시 말해 진리의 개념이 필요합니다. 그 진리가 정말 실존한다는 것, 그러나 그렇다고 해서 기적이 있는 것은 아니라는 것, 초월적인 장치들을 갖는 것이 필요하지는 않다는 것을 지적해야 합니다. 어떤 철학들은 이러한 초월적 장치들에 집착합니다. 그러나 그것은 전혀 나의 길이 아닙니다. 우리는 결국 단순한 문제, 최초의 문제로 되돌아갑니다. 산다는 것은 무엇인가? 엄격한 동물적 요인들로 환원할 수 없는, 훌륭하고 강렬한 삶이란 무엇인가?

**타르비** 선생님이 보시기에, 철학 특유의 정동은 무엇이겠습니까?

**바디우** 나는 철학이 그 개념 작용과 명제 속에서 공히 참된 삶을 내재적으로 경험할 수 있다는 확신을 포함해야 한다고 생각합니다. 무언가가 단지 외부적인 명령, 칸트적인 명령으로서가 아니라 그 내부로부터 그 확신을 알려야 합니다. 그것은 삶이 살아볼 만한 가치가 있다는 것을 내재적으로 지시하고 알리는 정동에 속합니다. 아리스토텔레스에게는 내가 매우 좋아하며 기꺼이 계승하는 '불멸의 것으로 살라!Vivre en immortel!'는 경구가 있습니다. 이 정동에 해당하는 다른 이름들이 있습니다. 스피노자의 '지복 beatitude', 니체의 '초인'이 그것입니다. 나는 참된 삶의 정동이 있다고 생각합니다. 그 정동은 희생적인 구성 요소를 갖지 않습니다. 어떠한 부정적인 것도 요구되지 않지요. 종교에서처럼 그 보상이 내일 그리고 다른 곳에서 주어지는 희생이란 없습니다. 그 정동이 진리의 주체에 함께 속하는 한, 그것은 개별자의 확장에 대한 긍정적 감성입니다.

나는 최근에 믿을 수 없을 정도로 고집스럽게 철학자가 행복하다는 것을 증명하려는 플라톤을 이해하게 되었습니다. 철학자는 그보다 더 행복하다고 여겨지는 모든 이들, 부자들, 향락을 추구하는 사람들, 참주僭主들보다 더 행복합니다. 플라톤은 계속 그것을 재론합니다. 그는 그 점에 대한 수많은 증명들을 우리에게 보여줍니다. 오로지 이념의 표지 아래 살아가는 사람만이 진정으로 행복하다는 것, 그가 모든 이들 중 가장 행복하다는 것 말입니다. 그것이 의미하는 바는 아주 명백합니다. 철학자는 제 삶의 내부에서 참된 삶이라는 것을 실험할 것이라는 말이죠.

그러므로 철학이란 세 가지 사항에 관계하는 것입니다. [첫째로] 그것의 시대의 진단입니다. 그 시대가 제시하는 것은 무엇인가? [둘째로] 철학은 그런 동시대적 명제에서 출발하는 진리 개념의 구축입니다. 마지막으로 철학은 참된 삶에 대한 실존적 경험입니다. 이 셋의 합체, 그것이 철학입니다. 그러나 어느 순간, 철학은 하나의 철학입니다. 내가 《진리들의 내재성》을 쓰게 될 때, 또한 그렇게 전체 철학의 세 가지 구성 요소의 동시대적 통일성을 확보하게 될 때, 나는 이렇게 말할 것입니다. 철학, 그것은 나 자신이라고.

# 알랭 바디우의 철학에 대한 짧은 소개

파비앵 타르비

알랭 바디우는 누구인가? 시대에 뒤떨어진 마오주의자인가? 위험하게 좌익으로 경사된 지성의 테러리스트인가? 적어도 20년 전부터 현대철학의 전문가들을 사로잡은 그 저자, 시드니에서 부에노스아이레스까지, 그 이름이 세계 철학계에서 회자되는 그 저자가 아니라면 말이다. 확실히 그는 테러리스트지만, 자신의 철학적 선언 속에서 수학적 폭탄을 투하하는 난해함의 테러리스트이다.

이제 우리는 여기서 이 불가사의한 알랭 바디우와 대면한다. 그의 이름은 때로는 극단론적인 부각물repoussoir로, 때로는 추상적이고 복잡한 사유의 (화려하지만 걱정스러운) 징표로 기능한다. 일상적으로 반복되는 우리의 텔레비전 민주주의의 지나치게 청명한 하늘과는 어울리지 않는 정치적 입장들. 마오의 범죄를 단죄하지 않는 범죄를 저지르는 이단적 사회참여. 그렇지만 어떤 전문가도 그의 철학적 저작들이 갖는 복잡성과 독창성, 창조력을 부정하지 않는다.

이 애매한 또는 입증된 명성은 바디우가 가장 순수한 의미의 철학자라는 점을 아마도 숨기지 않을 것이다. 플라톤, 스피노자 또는 라이프니츠가 철학자라는 의미에서 그는 철학자이다. 끈기 있게 구축되고, 꾸준하게 검증된 체계 내에서 표현되는 진리에 대한 의지를 통해서 말이다. 그것은 그를 고전적 철학자로 정의하기에 충분한가? 아마도 그러한 정의는 오랜 세월에 걸친 승인을 필요로 할 것이다. 그러나 바디우의 철학 속에서 고전주의의 명백한 특징들이 식별된다는 점에는 변함이 없다.


## 고전적 철학자, 철학적 체계


그의 사유는 사람들이 '철학'이라 명명하는 이상하고 불편하지만 아주 인간적인 이 활동이 제기하는 영원한 문제들을 해결하고자 한다. 데리다를 가장 좋은 예로 삼는 포스트모던의 유행은 언어의 모호성을 논거로 내세우면서 사유의 지표들을 해체한다. 그러한 유행은 모든 명료하고 긍정적인 야심을 의심스러운 것으로 만든다. 일찍이 플라톤은 소피스트들과 싸워야 했고, 철학자들은 그런 언어 놀이꾼들과는 반대로 말의 모호함이 아닌 사물들에서 출발한다는 점을 상기시켜야 했다. 고전적 철학자가 단언하는 것은 그의 작업이 부정이나, 해체, 의심에 속하는 것이 아니라는 점이다. 상대주의와 회의주의의 유령들에 맞서 세계와 인간에 대한 합리적이고 옳은 담론을 구축하는 것은 전적으로 가능하다. 진리는 실존하고, 철학은 이 실존을 표현한다. 게다가 철학은 언제나 진리를 다양한 형태로 표현했고, 우리는 진리의 역사가 남긴 윤곽을 지각하기 위해 거대한 체계들(플라톤, 헤겔)에 기댈 수 있다. 고전적 철학자의 관점에서는 문제들과 불변의 테제들을 참조함으로써 이어지는 진리의 역사가 있다. 그러한 역사에 참여할 때, 사유는 고전적이다.

처음부터 단언된 이념들 전체를 눈에 띄는 진전에 따라 전달하는 거대한 구축으로서, 이 철학은 체계적이다. 세 가지의 큰 발전이 그 단계들을 드러낸다. 《주체의 이론》(1982), 《존재와 사건》(1988) 그리고 《세계의 논리》(2006)가 그것이다. 이 세 가지 저작 모두에서 수학적이고 논리적인 형식들에 부여된 중요성이 강조된다. 가장 분명한 구성에 따라, 수학과 논리의 연구는 철학의 불변하는 문제들을 탐험할 수 있게 한다. 그렇게 무장한 철학자는 강력한 사상가이다. 연역적인 진행 원리는 응당 그 사유를 체계적인 것으로 만든다. 수학과 논리는 거짓을 말하지도 않고, 그 예리한 신랄함으로, 대답을 흐리거나 미루지 않는다. 그것을 견뎌내기만 하면, 이내 명료해지고 구분되는 것이다.

바디우의 사유가 갖는 이러한 특징은 변증법의 형상에 대한 충실성이라는 다른 특징을 통해 이중화된다. 사유가 사물의 전체성을 이해하기 위해 부정의 범주를 사용하지 않는 것이 불가능하다는 것을 느끼는 이상 변증법이 필요하다. 바디우에게 이 범주는 예외의 형상을 띤다. 그러므로 무언가는 수학들과 논리에서 벗어날 것이다. 형식의 독재란 없다. 정반대로, 형식, 논리 그리고 수학은 확실히 사물의 형상이지만, 인간은 다른 것으로, 예외와 위반의 체제로 고양되기에, 거기에서 부분적으로 벗어나는 놀라움을 맛보게 된다. 인간과 함께, 사건은 온다. (수학화할 수 있고 논리적인) **존재**는 (인간적 예외로서의) 사건과의 변증법적 관계로 들어간다.《존재와 사건》이 그것이다.

여기서 **고전주의**는 아주 오래된 텍스트들의 반추와 반복이 아니다. 그곳에 기어오르기 위해서는, 사유의 오랜 문제들에 대한 새로운 전망이 필요하다. 존재와 사건의 변증법인 수학적 세계관mathématisme은 이 새로운 전망을 허용할 것인데, 그것은 사유의 가장 오래된 문제들을 반복하고, 그 문제들을 되살리는 전망이다. 체계론systématisme 역시 치명적이지 않다. 그것은 모든 것에 대한 해답을 제시할 수 있다는 확신을 갖지 않는 동시에, 그것의 틀에 들어맞지 않는 모든 것을 배제한다고 말하지도 않는다. 실제로 사건은 놀라움, 전복, 비결정이다. 사건은 인간적 현실의 핵심이고, 네 가지 실, 네 가지 놀라움과 창조의 그물망, 네 가지 진리의 길을 따라서 인간적 현실을 직조한다. 정치, 사랑, 예술, 과학이 그것이다.

40년 이상 소요된 그 작업은 다양한 활력을 드러낸다. 그 작업은 극도로 기술적인 철학적 글쓰기와 문학적 산문, 연극 희곡, 정치적이고 논쟁적인 책들로 이루어진다. 고전적이고 체계적인 성격은 그렇게 동시대적인 것에 대한 갈망과 현 시대에 대한 극도의 관심에 의해 이중화된다. 《정황들》이라는 연작(《사르코지는 무엇의 이름인가?》라는 책이 이 연작에 속한다)이 그것을 보여준다. 이 연작은 우리 시대의 정치적 문제를 다룬다. 차도르와 정교분리원칙laïcité, 프랑스와 독일의 관계, 2002년 대통령 선거에서의 르펜Jean-Marie Le Pen의 결선 투표 진출 등의 문제들 말이다.

여기에 더하여, 그 작업은 예술에서 사랑으로, 정치에서 과학으로 나아간다. 그 움직임은 인간 존재가 이 가능성들의 중심부와 교차점에 위치한다는 확신을 보여준다. 그래서 정치, 사랑, 예술, 과학은 **조건들**로 명명된다. 한편으로 그것은 주체의 조건들이다. 말하자면 인류가 더 올바르고 놀라운 것을 제공할 수 있다는 것으로 열린 공간인 것이다. 다른 한편으로 그것은 철학의 조건들이다. 왜냐하면 철학은 모든 것의 기원이기는커녕 오로지 인간적인 활동들과의 만남을 통해서만 실존하기 때문이다. 철학은 그 **조건들**을 구성하는 것이 무엇인지 묻고, 그 조건들의 공존과 함께, 조건들 각각에서 관건이 되는 것이 무엇인지 이해하려 애쓴다.


## 존재에 대한 근본적 테제

존재란 무엇인가? 바로 이것이 철학의 가장 난해한 수수께끼, 철학의 스핑크스 또는 철학의 독보적 문제이다. 초기 그리스 사상 가들이 모든 사물들의 원리에 대한 탐구에 착수하는 그 시점부 터, 그것은 철학을 개시한다. 피타고라스에게 이 원리는 수에 의해 구성되었다. 어떤 의미에서, 바디우는 서양 철학에서 가장 오래된 직관인 이 직관을 계승한다. 이 직관은 플라톤의 교육에서 결정적인 요소를 이룬다. 플라톤에게 수학적 형식들은 '가지적인 것intelligible', 즉 가장 높고 가장 참된 사유의 대상에 속한다. 말하자면 그것은 감각적이고 물질적인 의존에서 해방될 수 있었을 때 손에 넣는 대상이다.

수학은 기껏해야 플라톤적인 유형의 관념론으로, 최악에는 숫자점술의numérologique 신비주의나 유대교 신비철학의 사변으로 인도한다고 생각할 수도 있겠다. 그러나 바디우에게 수학은 **유물론**을 긍정하는 데 쓰인다. 유물론적 철학자들은 종교적 미신에 굴복하기를 거부하고, 물질의 실존을 유일한 존재의 원리로 인정한다. 그것은 수평적 재현이며, 그처럼 열려 있고, 헛되고 초월적인 위계(신, 영혼)를 거부하는 순수한 내재성의 공간이다. 알튀세르에게 그것은 '더 이상 환상을 품지 않는' 것과 같다. 오귀스트 콩트에 대해 말하면, 그는 유물론적 원리를 '상위의 것의 하위의 것으로의 환원'이라고 정의했다. 그러하기에, 영혼은 뇌이고 생명은 물질이다. 과학은 따라서 존재에 가닿는 유일한 통로이다. 에피쿠로스는 원자들의 개념을 발전시켰고, 라메트리La Mettrie는 생물학적 기계일 뿐인 인간이라는 주제를 발전시켰다.

바디우는 이 전통에 속한다. 그러나 그는 이 전통을 머리에서 발끝까지 쇄신한다. 왜 그럴까? 왜냐하면 그는 이 유물론을 수학적 과학에서 출발하여 조직하기 때문이다. 유물론은 물리적이거나(에피쿠로스), 생물학적이거나(라메트리), 역사적이며 변증법적이고 사회학적(마르크스)이었지만, 그런 체계적인 풍부함을 갖춘 수학과 논리에 유기적으로 연결된 적은 전혀 없었다. 그것은 유물론의 새로운 형식을 창안한 것이다. 물질의 토대는 생물학이나 물리학을 통해 드러나는 것이 아니라, 물질의 영원한 조합을 조직하는 수학적이고 논리적인 법칙을 통해 드러난다.

모든 것이 시작되는 테제는 이러하다. "존재는 무한한 다수성들일 뿐이다." 그것은 **하나의** 존재가 아니다. 언어가 우리를 사정없이 끌고 가듯, 단수형의 존재를 말하는 것이 우리로 하여금 존재의 어떤 통일성을 꿈꾸게 해서는 안 된다. 다시 말해, 새로운 다수성들로 무한하게 분해될 수 있는 다수성들만이 있는 것이다. 상승을 통해서건, 하강을 통해서건, 우리는 어디에서도 끝을 찾지 못할 것이다. 말하자면 최초의 일자도, 최후의 원자도 없는 것이다. 바디우의 근본적이고 기본적인 직관은 오로지 수학만이 무한하게 분해될 수 있는 그 다수성들을 서술하는 데 적합하다는 점을 이해하는 데 있다. 게오르그 칸토르Georg Cantor가 고안하고 에른스트 체르멜로Ernst Zermelo와 아브라함 프랭켈Abraham Fraenkel이 공리화한 집합이론은 사실상 **공집합**의 실존을 전제하는 다수성들의 이론에 다름 아니다.

이 이론은 특수하거나 지엽적이지 않다. 그것은 수학 자체의 이론이며, 수학의 불변적 기반이다. 수, 함수, 점, 산술적 관계는 실제로 집합들의 효과이다. 이해할 수 있는 모든 것은 집합과 원소로 만들어지고, 집합과 원소는 그 자체로 끝없는 조합과 분해이다. 간단히 말해, 무한과 다수성은 모든 사물의 법칙적 토대이다. 따라서 오로지 수학만이 존재에 대해 발언한다. 끝없이 분해된 다수성들은 오로지 공백에만 가닿을 수 있다. 다르게 말하자면, 다수성들은 오로지 공백으로만 구성된다.

그러므로 존재의 신비란 전혀 없다. 물론 인간들은 존재의 신비를 찾고, 일반적으로 세계를 해석하려 애쓰며, 사물의 본질과 의미를 알아내려고 애쓴다. 그들은 사물 안에서 무언가 '의미심장한' 것을 발견한다고 생각한다. 그러나 사물 그 자체 안에 의미란 없다. 사물은 무한히 분해될 수 있고, 그것이 전부다. 끊임없이 '존재의 의미'를 찾는 하이데거와의 절대적인 불일치의 지점이 바로 거기에 있다. 그러나 의미가 없기 때문에, 하이데거의 철학은 점차 그리고 불가피하게 시의 형식을 취했다. 존재의 신비에 대해 장광설을 늘어놓기를 바란다 해도, 최종적인 지점은 단지 그 의미의 부재, 다시 말해 **공백**일 뿐이다. 하이데거는 존재Etre에 대해 말했고, 존재에 **속한** 것이 있다고, 즉 무한으로 나아가고, 의미 없는 공백만을 최종적 항목만을 갖는 다수성들이 있다고 평범하게 말해야 했던 곳에서, 그렇게 존재에 존엄을 부여했다.

이 무한한 다수성, 존재의 무한성에 대한 두 가지 오류가 있다.

첫 번째는 종교적 해석으로, 무한을 신으로 이해하는 것이다. 그러나 실제로 모든 사물을 직조하고 세계를 끝없는 조합과 분해로 만드는 무한보다 더 진부한 것은 아무것도 없다. 두 번째 오류는 무한이 유쾌하고 불가사의한 무질서라고 믿는 것이다. 이것이 들뢰즈의 오류다. 들뢰즈는 무한의 낭만주의자, 또는 견습 마법사로 남는다. 세계는 명백하게 법과 안정성으로 만들어졌음에도 그는 세계가 문학적 마술, 즉 둘도 없는 어마어마한 소용돌이와 닮아 있는 것을 좋아할 것이다. 무한은 엄격하고 수학적인 규칙들로 만들어진다.

그것이 《존재와 사건》의 주요한 공헌이다. 《세계의 논리》는 사물이 출현하는 방식이 논리에 의존한다는 것을 보여줄 것이다. 도대체 어떻게 사물들이 복수의 또는 점증하는 인식 지평들에 열려 있는 동시에 합체되고, 결합된 것처럼 우리에게 보일 수 있는가? 나는 친숙한 대상에 접근하고, 가까이서 또는 멀리서 다양한 각도로 그것을 관찰한다. 나는 그것이 내 사무실에, 내 아파트에 속해 있지만 또한 이 마을에 이 태양계에 속해 있다고 말할 수 있다.

관념론 철학들은 세계 안에 신적 질서가 있다고 전제하거나, 정신 또는 의식이라는 재능을 통해 세계를 조직하는 인간 사유의 조물주적 능력에 그 질서의 근거를 둔다. 그것은 칸트와 후설의 길이다. 바디우에게 현상들, 다시 말해 출현하는 것으로서의 사물은 신적인 질서를 표현하지도 않고, 주관자의[신적인] 의식에 의존하지도 않는다. 다수성은 가변적인 출현의 강도와 관련하여

상이한 수준에서 조합된다. 작은 것과 큰 것의 지각은 상대적이다. 그 지각은 사물에 대해 갖는 관점에 달려 있다. 우리의 시각은 그 자체로 그러한 논리적 규칙에 의존하는 것이다. 각양각색의 체제들을 부여하는 '세계들'은 그렇게 구성된다. 이른바 '범주들'의 논리를 엄밀하게 따라가면, 이 책상 위에 있는 이 종이와 이 연필이 이 방이라는 세계 안에서는 큰 강도를 갖지만, 직장에 있는 베이징 노동자의 세계 안에서는 강도를 전혀 갖지 않는다는 점이 드러날 것이다. 결국 한없이 많은 세계들만이 있고, 이 세계들의 상대성은 수미일관하고 연역 가능하다. 무한성은 무질서한 것이 아니라 정돈되어 있다. 질서는 신적이거나 정신적인 것이 아니라 논리적인 것이다. 그리고 우주가 이 환원 불가능한 복수성을 합체하고 종합한다고 믿는 것은 망상일 것이다.

《존재와 사건》에서 출발하여 《세계의 논리》에 이르는 천여 페이지는 결국 세계에 대한 완전하게 합리적이고 유물론적인 견해를 발전시키는 것이다. 모든 것은 수학화할 수 있고, 모든 것은 논리적이다. 이 책들을 통해 근본적이면서도 고전적인 결론들이 도출된다. 그 수학과 논리학이 존재의 무한성을 증명한다는 결론 말이다. 같은 방식으로, 스피노자와 라이프니츠는 무한한 세계 univers에 대한 제 직관의 근거를 수학에 둔다. 그러나 둘 모두가 그 무한의 실체적인(스피노자) 또는 규제적인(라이프니츠) 원리인 신을 포기하지 않는다. 바디우의 유물론은 그 원리를 제거한다. 존재의 수학과 출현의 논리는 그렇게 신의 표지가 되기는커녕 무신론의 전개 그 자체이다.

## 모든 것이 단지 구조인 것은 아니다……

세계가 그렇게 무한한 기계장치라는 것이 이해되었을 때, 무슨 일이 일어나는가? 모든 것이 언제나 그러한 기계장치의 규칙으로 환원된다면 아무 일도 일어날 수 없다. 무한소에서 무한대까지, 우리는 사물들이 서로 뒤얽혀 있음을 생각한다. 공간 속에서뿐만 아니라, 논리적으로 그리고 수학적으로 말이다. 인간적 시선은 사실 [그 안에서] 인간이 실존하고, 자리 잡으며, 살아가는 그러한 비인간성의 발견에 머무를 수 있다. 그러한 시선은 적어도 유물론적 지혜의 가장 심오한 의미를 이해할 법하고, 신 또는 삶의 절대적 의미Sens에 대한 집요하고 유치한 환상들을 일소할 법하다. 아무것도 아닌 것은 아니다…… 그러나 전부도 아니다. 바디우는 세계의 토대가 의미를 갖지 않는다고 말하는 데 만족하는 허무주의자, 고르기아스에서 쇼펜하우어를 거쳐 클레망 로세Clément Rosset에 이르는 계보 안에 있는 허무주의자가 아니다. 그러한 패배는 그와는 거리가 멀다…… 분명히, 구조들은 비인간적이고, 초인간적 존재에 속하며, 무한하지만 그 구조들이 아무리 불가피하고 지배적이라고 해도, 구조는 구조일 **뿐**이다.

논리적이고 수학적인 구조들은 인간에게 말한다. "네가 누구이건, 네가 무엇을 하건, 너는 내부에, 너를 넘어서는 상황 또는 세계의 내재성 안에 있다. 너는 그 안에 있고, 포함되어 있다. 너는 신이 아니고, 더구나 신은 없다." 맞다. 우리의 사유도 우리의 행위도 탄생에서 죽음까지 우리를 둘러싸고 있는 물리적이고 수학적인 물질성의 분배를 성공적으로 파괴하거나 전환하지 못한다. 우리는 언제나 그 **안에** 있을 것이다. 우리는 우리 안에서 '인간 동물'이라고 불릴 수 있는 것에 의해 규정되기 때문이다. 다시 말해, 우리는 수학적, 물리적, 생물학적 법칙 및 심리적인 법칙과 같은 사물의 법칙을 감내하는 존재인 것이다.

그러나 허무주의와 무기력에 이르는 것, 그것을 통해 인간적 실존과 그 조건의 모순 자체라는 결론에 도달하는 것, 그것은 거기서 결행되는 것이 아니다. 엄격한 유물론자, 수학적이고 논리적인, 준엄하고 무한한 의미 이외의 어떤 의미도 없이 물질성이 우리를 에워싸고 있다고 사유하는 철학자여야 한다. 어른들을 위한 산타할아버지인 신은 없다. 그것은 인정된 사항이다. 그렇다고 해서, 구조들의 비인간적인(단지 초인간적이기에) 엄정함에 만족하는 것, 그것은 우리가 무엇을 할 수 있는지 지각하지 못하는 것이다. 아마도 우연히 그런 것이겠지만, 그 우연은 거의 모든 것을 바꾼다.

관념론 철학자들이 자신의 토템을 숭배했던 반면, 유물론 철학자들은 결정적으로 인간에게 동물성 외에는 아무것도 없는지 그렇지 않은지 밝히는 문제와 맞서야 했다. 관념론자들의 초월 또는 수직성verticalité ― 영혼과 신에게 인도하는 ― 은 확실히 헛된 것이다. 그러나 유물론자들은 자신들 편에서 이 결정적이고 절대적인 수평성horizontalité 안에 있을 수 있는가? 인간은 인간 동물이라고 말하는 것으로 충분한가? 우리의 기이한 현실—'나'인 것, '너'인 것—은 본능적인 동물성으로 환원될 수 있는가? 그러하다면 우리는 쓰고 읽지 못할 것이다. 라캉이 상징계la symbolique라고 부르는 것, 따라서 더 이상 직접적이지 않은 현실과 우리가 맺는 가장 깊은 관계를 변화시키는 것에 의해 관통되지 않을 것이기 때문이다. 장차 죽게 될 투덜거리는 얼빠진 인간의 의식이 그것을 증언한다.

문제는 유물론이 이러한 환원할 수 없는 인간적 관점으로 무엇을 만들어내는지 검토하는 것이다. 사실을 말하면, 어떤 유물론도 결코 수평적 순수성을 주장할 수 없었다. 언제나 일종의 보충물 혹은 삽입물이 있었다. 에피쿠로스에게는 비록 원자적이지만, 현실을 이해하고 좋은 삶을 선택할 수 있게 하는 정신의 힘이 있었고, 라메트리에게는 해방의 웃음과 반어법이, 마르크스에게는 직접적인 현실에 대한 거부와 희망—공산주의—이 있었다. 우리는 인간을 완전히 물질로 환원시키는 유물론이 불가능하다는 것에 대해 오래도록 숙고할 수 있다. 확실히 유물론은 **우선** 현실의 성격에 대한, **다음으로는** 해방하는 신의 부재에 대한 되찾은 명석함이다. 그 교훈에는 망상illusion이 없다. 그까짓 수수께끼라니. 현실은 냉엄하다. 그러나 유물론의 약속은 복종이나 순응 따위가 아니다. 우연히도 인간에게는, 존재의 무한한 평범함에서 벗어나는 어떤 것이 있다. 인간에게는, 다른 것이 있다.

바디우는 인간적 구성 요소 안에서 언제나 그 자체를 넘어서는 유물론에 대한 깊은 이해에 충실하다. 그는 그 이해를 연장하고, 증폭시키며, 정확히 말해 지탱할 수 없는 정도까지 가져간다. 바디우의 구조적 유물론이 엄격하고 수학적이며 논리적인 것과 마찬가지로, 그에게 유물론의 자기 극복은 선명하다. 그의 독창성은 유물론의 두 가지 면을 열광으로 가져가는 데 있다. 한편으로는, 현실의 합리적이면서도 비상식적인 성격—현실을 절대적으로 수학적인 것으로 이해하기를 요구하는 것—에 대한 어떠한 양보도 없지만, 다른 한편으로는 인간과 더불어, 인간에게 그리고 인간을 통해 **무언가 일어난다**는 날카로운 의식이 있다. 적어도 인간에 속한 그 실존의 지점에서 구조를 뛰어넘는 인간이 있는 것이다.

그것이 바로 **사건**이다. 정확하게 사물이 아닌 무언가가 도래한다. 그것은 현전하는 구조의 원소들 또는 원소들의 집합—바디우가 **상황**이라고 부르기 좋아하는 것—이 아니다. 무언가 상황을 부분적으로 뒤엎을 수 있다. 상황이 주어지고, 결정되고, 조직된 구조인 한, 사건은 사물의 집합이라는 무대 위로 주어지지도 결정되지도 않았던 원소들이 갑작스럽게 난입하는 것이다. 이 사유를 끝까지 밀고 나가면, 우리는 사건이란 상황에 잠재된, 구조 안에 묻힌 공백의 도래, 섬광, 격발, 순간이라고 말할 수 있다.

일반적으로 구조는 사건의 실존을 금지한다는 점에 주목해야 한다. 구조는 사건을 억압한다. 사건이 돌발할 때, 그것은 따라서 그때까지 현시되지 않았던 그 상황의 원소들이 놀랍게도 솟아오르는 것에 비견할 만하다. 그러한 잠재된 공백의 갑작스런 도래는 알려지지 않았던 원소들의 현전을 갑작스레 출현하게 한다. 혁명의 전야에는 모든 것이 질서 정연한(이는 거기서 구조다) 듯 보일 수 있다. 그러나 새벽이 되어, 갑자기 구조가 예상하지 못했던 무언가가 일어난다. 어깨에 총을 메고, 머릿속에 이념을 가진, 무엇이든 할 준비가 된 사람들이 나타나는 것이다. 그렇다고 이 사건이 다른 어떤 곳에서 오는 것은 아니다. 그 자원은 깊이 잠들어 있었다. 이 힘은 갑작스럽게 드러난다. 만약 그 힘이 구조에 수면으로 떠오른 공백에 대한 자각을 부여한다면, 그것은 역시 그리고 무엇보다도 상황의 전복이다.

## 진리에 대하여 그리고 충실성의 경이로운 확장에 대하여

충실성의 개념은 아주 중요하다. 그 개념은 사건의 전복적인 효과에 우리를 참여하게 하는 행위를 지칭한다. 인간은 사건을 받아들이고, 그것을 통해 변화한 자신을 발견한다. 인간은 사건의 **주체**가 된다. 사건에 충실한 것, 그것은 그 기회를 잡는 것이다. 그것은 사건을 통해 그리고 사건을 위해 사는 것이다. 그것은 단지 죽을 때까지 의미 없는 존재에 귀속된 동물이 더 이상 아니다. 그것은 창조적인 인류이다.

그런 이유로 사건을 명명하고, 그 흔적을 가려내며, 사건에 '**합체**'되어야 한다. 바디우가 **반동적**이라고 명명하는 그러한 **주체**처럼, 그것을 부정하는 것은 언제나 가능하다. 그때, 사건은 사물의 존재 속에 잠기는데, 그것은 존재의 균열 없는 중립성을 조장하는 것이다. 1871년에 《세기》라는 신문은 1871년에 "사회적 위기는 해결되고 있다"는 제목을 달았는데, 바로 그때 파리코뮌의 마지막 가담자들이 총살당했다. 그러므로 아무 일도 일어나지 않았다. 바디우가 말라르메를 빌려 즐겨 말하는 것처럼, "장소 외에는…… 아무것도 일어나지 않았다." 그렇게 오늘날 1968년 5월의 사건을 부정하는 사람들이 있다. 그들은 이 사건을 시효 지난 과거 또는 의미 없는 단순한 소요로 만든다. 그리고 이 사건에 충실하여 그 의미를 계승하는 사람들이 있다.

그러므로 사람들은 사건을 부인할 수 있고, 또한 그것의 가장 인간적인 두 가지 특징들을 파악하지 못하여 그것이 의미하는 바를 완전히 잘못 파악할 수 있다. 첫째, 사건은 언제나 상황과의 관련 속에 위치한다는 것이다. 그것은 모든 것을 바꿀 수 없고, 단지 국지적 상황을 전복시킬 수 있다. 니체가 원했던 것처럼, 우리는 '역사를 둘로 쪼개'는 것이 아니다. 상황은 내부로부터 전환되며, 그것은 아무것도 아닌 것이 아니다. 우리는 질 나쁜 허무주의 또는 무기력의 노골적인 절망을 피해간다. 둘째, 사건이 최종적이고 규정된, 실체적 진리Vérité를 전달한다고 상상할 때, 사건의 인간적 차원은 잊힌다는 것이다.

우리는 실제로 사건이 주체에 열어놓는 도정에 어떤 규정된 목적을 부여할 수 있다. 사건의 의미는 열려 있는 것으로, 따라서 살아 있는 것으로 남는다. 진리가 정확하게 그리고 오로지 이런 것 또는 저런 것이라고 믿는 것, 그것은 사건을 허상simulacre으로 만드는 것이다. 그것은 본질적인 것을, 즉 사건의 진리가 식별 불가능한 것으로 또는 바디우가 즐겨 말하는 것처럼, '유적인 것'으로 남는다는 것을 잊는 것이다. 말하자면, 이 진리의 실존은 우리의 지식─그 후 진리를 추구하는─을 변화시키지만, 진리는 그 자체로 완전하게 규정된 지식이 아니다. 그 추구는 그렇게 목적을 갖지 않고, 진리에 대한 가설만을 표현한다. 그 점에서 진리는 그 구성을 모르지만 수학자 폴 코언이 그 실존을 보여준 유적인 것이라고 불리는 그 집합들과 유사하다.

사랑 안에 도정과 구축이 있고, 가족, 삶의 터전, 친구, 직업과 같은 수많은 구조들과 삶의 상황 속에서 서로에게 공통적인 여정이 있음은 누구나 잘 알고 있는 바이다. 그러나 사랑의 진리가 정확하게 무엇으로 이루어지는지 누가 말할 수 있을까? 그 길은 불확정적이고 열려 있다. 그 길은 이어지고, 우연과 단계들을 만나며, 두 연인 중 누구도 그 의미를 완전히 소유하지 못한다. 게다가 그 이야기의 마지막 지점에는 아무도 없다. 사람들은 "사랑해"라고 말하고, 이 선언에 충실할 수 있다. 그러나 우리로 하여금 사물과 상황을 둘이서 살아가도록 하고, 성적 차이라는 신비 속에 그 기원을 두는 이 사랑이란 것이 무엇인지 말할 수는 없다. 사랑은 생각되는 것이라기보다는 행해지는 것이다. 아이의 탄생조차도 사랑에게는 도착점이 아니라, 나누어야 하는 새로운 상황이다. 여기서 진리는 '진리의 절차'라고 부를 수 있는 것 안에서 지속적으로 구축된다. 진리는 확인할 수 있는 것이 아니고, 객관적으로 파악될 수 없는 것이다. 그러나 진리가 아무것도 아닌 것은 아니다. 진리는 절차로서 움직이고 일어난다.

따라서 진리는 구체적이다. 진리는 단순한 정신적 재현이 아니라, 우리가 사랑으로 만들어내는 것이다. 진리가 식별 불가능하고 유적이라는 것은 진리에 합체되는 궤적의 가치에서 아무것도 제거하지 않는 것일 뿐 아니라, 주체를 실존할 수 있게 하는 것이기도 하다. 반대로 우리가 사랑의 진리를 가지고 있다고 믿을 때, 사랑이 확정적으로 이것 또는 저것이라고 생각할 때, 바로 그때 사랑을 잃어버린다.

마찬가지로 정치에서, **보편성**을 감안하지 않고 주장하는 완전함에 대한 믿음보다 더 파국적인 것은 아무것도 없다. 보편성은 여기에서 특별한 의미를 지닌다. 그것은 독특성에 무관심한 사유의 질서를 의미하는 것이 아니라, 식별 불가능한 것, **유적인** 것 (우리가 조금 전 지적한 의미에서)의 지혜를 의미한다. 누구라도 생각할 수 있듯, 모두에게 속한 것이 독특성 또는 구별되는 공동체들—그렇다고 그 독특성들과 그 환원 불가능한 성격을 부인하지 않는—을 통해 표시되지 않는다고 생각하는 이는 누구라도 그 보편성에 합체되어 있다. 반대로, '모호한 주체'는 이차적이거나 공동체적인 구분을 넘어 모두에게 열려 있는 이 보편성을 거부한다. 그 주체는 진리를 이데올로기 또는 종교, 강렬하고 불확정적인 진리의 장소를 차지하러 오는 유사-지식pseudo-savoir과 동일시한다.

## 주체로 살아가기 또는 이념 안의 행복

알랭 바디우는 이념Idée의 사상가다. 우리는 이념을 갖는 것이 모든 철학자의 특성이라고 말할 것이다. 그렇지만 '이념을 갖는다'는 말이 무엇을 의미하는지 알아야 한다. 예를 들면, 왜 여기서 [이념이라는 말에] 대문자가 부과되는가?

인간에게 이념과 연결되는 것은 자연스러운 일이 아니다. 우선, 모든 것은 '인간'이라는 말이 뜻하는 것에 달려 있다. 인간에게 모든 것이 몸corps과 사유의 자연적 규칙들에 따라 일어날 때, 인간은 '인간 동물'로 환원될 수 있다. 몸은 만족한다. 사유는 이기적으로 사물들을 전유하고, 피상적인 정신, 습속에 머무른다. 우리 존재의 이러한 부분이 갖는 힘을 누구도 모르지 않는다. 그리고 우리는 정말이지 거기에서 본질적인 것을 놓칠 수 있다. 그렇다면 이념은 없다. 그저 무기력한 삶이 있을 뿐이다. 어떤 이는 자기 아파트만큼도 사랑하지 않는 부인을 기계적으로 껴안는다. 다른 어떤 이는 "정세를 고려하면 그리고 언제나 가난한 자들과 부자들이 있을 것이라는 숙명을 고려하면 우리가 그렇게까지 나쁘게 통치

받고 있는 것은 아니다"라고 단언한다. 또는 부자가 되는 것을 생각한다. 나 죽은 뒤 무슨 일이 일어나든 내 알 바 아니다…… 현실에 대한 직접적이거나 상상적인 인식에 만족하는 세 번째 사람은 본능에 이끌려 세계 속에서 좌충우돌하는 모습을 보인다. 마지막으로, 네 번째 인물은 어떤 예술작품이 그를 감동시킬 수 있고, 어떤 새로운 발견의 대상일 수 있다는 점을 보지 않거나, 예술이 언제나 결국 아이들을 위한 노래일 뿐이라고 믿는다.

이념은 각자가 자기 안에 더 좋은 것, 더 높은 것을 가지고 있고, 심지어는 죽음에도 불구하고 각자에게 불멸의 것이 있음을 실현하는 저마다의 가능성이다. 이것은 이념들이 다소간 환상적인, 단순한 정신적 재현들 또는 순수하게 정신적인 효과들이 아니라고 말하는 것이다. 이념의 위대함과 존엄성이 있다. 이념들로 고양된다는 것은 인간이 자신의 것으로 만들 수 있는 그러한 존재와 삶의 방식인데, 그것을 통해 인간은 삶이 완전히 가로질러질 만한 가치가 있고, 자신의 가장 소중한 일부가 거기서 행해진다는 것을 깨닫는다. 자연적으로 주어지지 않는 그러한 인간의 순수 본질quintessence이 바디우가 **주체**라고 부르는 것이다. 우리가 보는 것처럼, 주체란—데카르트에게 그런 것처럼—본질적으로 의식이 아니고, 세계의 경험을 조직하고 구체화하는—칸트 또는 후설에게서처럼—'나' 또는 '자아'라고 명명되는 그러한 중심도 아니다.

그렇게 인간 동물 안에서 주체를 정의하는 것은, 경우에 따라

본의 아니게 세계를 둘로 나누는 것, 다시 말해 예외적 인간들과 동물적 인간들이 있다고 주장하는 것이 아니다. 우리 각자에게는 두 가지 경향들이 있다. 존재하는 것에 만족하는 인간 동물의 무거움과 **다른 것**으로, 이념으로 열릴 주체의 가능한 은총이 그것이다. 결정적으로 우리는 우리의 것인 이 몸과 정신에 붙잡혀 있다. 그럼에도 우리는 가장 좋은 것이면서 가장 엄격한 것인 이념으로 향하려 한다. 제 실존을 하나에서 다른 하나로 가져가는 데는, 인간 동물에서 가능한 주체로 가져가는 데는 어떤 예외도 없다. 각각의 인간은 잠재적으로 주체다. 따라서 바디우가 우리의 현재에 전하는 핵심적인 비판은 인간 동물 안에 잠재적으로 있는 주체를 망각한다는 데 있다. 주체를 구축하는 것은 어떤 요청이다. 우리 안에서 그 요청을 부정하고 망각하는 것은 너무나 쉬운 일일 뿐이다. [인간] 동물이 지속적으로 호흡하는 사회적 분위기가 그것을 돕는다.

요컨대 이념에 대해 '주체로 사는 것'은 행복이요, 기쁨이다. 하지만 이 가능성에 접근해야 한다. 그 가능성을 만나고, 그 가능성을 참을성 있게 지켜내야 한다. 사물의 세계는 언제나 느낀 기쁨을 사라지게 할 위험이 있기 때문에 더 많은 용기와 충실성을 가져야 한다. 인간이 할 수 있는 것에 대한 정당한 평가의 길에는 많은 장애물이 있다.

예를 들어, 우리의 현재는 놀라움이 없는 정치를 장려한다. 좌파 또는 우파에 투표하고, 투표한 후에는 그대로 두라는 것이다.

그때 인간들 사이의 불평등은 자본주의의 평온한 냉소주의와 꼭 같은 것이다. "세계가 흘러가는 대로 받아들여야 한다"는 것, 그것이 바로 인간 동물의 한결같은 격언이다. 인간 동물은 세계에 적응하거나 세계를 전유한다. 시대의 분위기를 지배하는 것은 아편 같은 프로파간다이다. 예술이 우리 안에 찬란하게 기입되기보다는 대중의 오락거리가 있고, 지식의 실재적 요구가 있기보다는 외관상의 지식, 겉치레의 지식이 격상된다. 마찬가지로 사람들은 의례적이 된 사랑이나, 이기적인 독신생활 또는 우울함에, 심지어 욕망과 사랑을 즐겁게 등치시키는 것에 만족한다. 그러나 필요를 충족시키는 것처럼 사랑하는 것 또는 거리를 걷는 것처럼 사랑하는 것이 과연 사랑하는 것일까? 우리가 물건을 사고 소비하는 것처럼 투표하는 것, 그것이 정치에 참여하는 것일까?

바디우가 우리에게 고통스러운 엄격함을 강요하기를 원하는 것은 아니다. 주체가 우리 안에 살아 있을 때, 그 주체는 이념에 합체되거나 그것에 충실한 데서 오는 행복을 느낀다. 사실과 구조의 불평등을 받아들이는 것보다는 평등 — 정치적 이념Idée으로서 평등 — 을 위해 투쟁하는 것이 더 낫다. '즐겨라!'라는 욕망의 진부한 명령을 위해 사는 것보다는 차라리 소란스럽고, 시시하고, 어쩌면 수프 그릇이 날아다니는 가운데[1], 사랑을 위해 살아가는 것이 낫다. 모두가 알고 있는 것처럼, 즐기라는 명령은 불충

---

1  부부싸움을 의미하는 것 같다. – 옮긴이

분하거나 신경증적인 명령이다. 점성술적이거나 매체적인 무분별한 담론의 속임수를 위해 살아가는 것보다는, 아마도 달성하기 어렵고 인내를 요구하겠지만, 내가 벌써 그 직관적 열매를 맛본 실재에 대한 앎, 새로운 지식을 위해 사는 것이 더 나을 것이다. 반복적인 오락의 양산을 위해 살아가는 것보다는, 예술 작품이 나를 가로지르는 방식을 행복하게 이해하기 위해 살아가는 것이 나을 것이다.

심리학적 주체의 전망, 말하자면 우리가 본질적으로 '자아'라고 생각하는 것의 전망을 포기할 때만, 이념으로의 **합체**가 의미하는 바를 이해하게 될 것이다. 주체와 의식은 상호적이지 않다. 의식은 인간 동물만을 비추기에, 사건과 사건의 진리, 이념을 보지 못할 수 있다. 주체는 분명 의식적일 것이다. 의식 없이 주체는 사건도, 그 지속하는 흔적도 알아볼 수 없고, 그것에 충실하게 될 수도, 그것에 합체될 수도 없다. 그러나 주체로 고양되기 위해서는 의식적인 것만으로 충분치 않다. 마찬가지로 결정을 통해 그 충실성을 재확인해야 하고, 사건의 이름으로 계속하기 위해 의거하는 결정의 지점을 견지해야 한다.

그러므로 스스로를 주체로 만드는 각각의 인간에게는 의식적인 식별 행위가 있다. 그러나 만약 우리가 주체를 장, 알랭, 이사벨, 파비앵과 같은 인격, 독특한 존재로서 우리가 갖는 감정 또는 의식으로 환원한다면, 우리는 주체에 대해 별반 이해하지 못할 것이다. 어떤 사건에 합체된다는 것, 그것은 바로 그의 자아로부터, 그 자아의 보잘것없는 인격으로부터, 때로는 그 몸 자체로부터 벗어나는désincorporer 것이다. 예를 들어, 평등의 이념이 내 자신의 이해 관심에 대한 이기주의적 사유와 관계없는 것과 마찬가지로, 정치적인 몸은 나의 것일 수 없다. 정치적인 몸은 동일한 평등의 의지를 공유하는 투사들에게 공통적이다. 그것은 사유와 육체적 행위, 시위와 슬로건으로 구성된 다수성인데, 그 다수성은 그러한 이념에 의해 정향되고 상대적으로 통일되며, '나'는 정치의 집단적 주체에 그렇게 참여하면서 그 이념에 합체될 뿐이다. 사건을 수긍하고, 이에 충실해지기 위해서는 이러한 자기 극복dépassement이 필요하다. 주체는 개인이 아니다. 자신의 정서적이고 지적인 자아를 극복함으로써 주체가 되는 것이 바로 개인이다.

## 네 가지 조건들

집에 틀어박히기를 좋아하는 감각적 습관에서 나를 이탈하게 하는 그러한 예술 작품이 나를 문자 그대로 사로잡을 수 있는가? 그 작품 덕에, 내가 형식 없는 것으로 간주해왔던 것이 갑작스레 형식을 갖춘 것으로 드러난다. 나는 작품이 된 이 불가능한 것에 빠져들 수 있다. 내가 그 불가능이 사건적으로 진리를 담고 있음을 거부하며 그것에 저항할 수 있는 것과 마찬가지로 말이다.

쇤베르크의 음악을 듣는 것으로 예를 들어보자. 인간 동물은 이 음악의 진리 안으로 파고들지 않으면서, 이 음악이 '지루하다'거나 또는 '불협화음적'이라고 (낭만파가 고전파에게 추문이었던 것과 마찬가지로) 말하는 것으로 만족한다. 이 음악은 음계에 대한 새로운 관념을 창안할 뿐만 아니라, 또한 전통적 음계가 다른 음계들 중 가능한 하나의 사례일 뿐이라는 것을 파악하게 한다. 이 음악은 인간에게 무한한 것을 전달한다.

그러므로 한 작품 앞에서 지루함, 불편함, 격분을 느끼는 인간 동물의 정동은 예술적 경험의 장애물이다. 그런 정동은 또한 우리가 주체로 구성되는 데 장애물이 된다. 동물적 정동은 주체의 정동인 행복한 정동을 밀어낸다. 실제로 진리의 경험에 충실하게 될 때, 이념을 우리의 지평에 간직하게 될 때, 온전하게 행복한 느낌을 갖게 된다. 동물과 주체의 이원성은 사실로 남아 있기에, 이러한 효과가 단번에 주어지지 않는다는 점에는 변함이 없다.

마찬가지로, 정치가 요구하는 것은 주체가 되기 위해 탈인격화될 수 있어야 한다는 것, 제 타고난 야비함을 등한시할 수 있어야 한다는 것이다. 더 엄격한 것은 아무것도 없다. 보편적인 것을 원하는 것, 제 본래의 존재(그리고 우리의 개인적 상황 속에서 본래의 존재일 수 있는 모든 것)를 언제나 불확정적인 진리로 향하게 하는 것, 그것은 평등의 이념을 위해 투쟁하는 것을 의미한다. 파시즘과 민족주의는 이 제한 없는 정의를 부인하고, 예외 없는 상태, 인간들 사이의 위계가 없는 상태로서의 보편을 구상하지 않는다. '조국' 또는 '민족적 선호'는 그것의 부정이다. 반대로, '공산주의 가설'은 인류에게 보편과 평등을 제안한다. 이 가설을 혁명과 공산주의적 독재를 통해 판단하지 말아야 한다. 그 가설이 역사의 실패 속에 새겨놓은 진리를 확인하는 것은 너무 쉽고, 그 냉소적인 차원을 통해 자본주의를 정당화하게 된다. 바디우는 이따금 이념이 '공산주의'라는 말의 치명적인 역사를 표현하지 않는다는 점을 잘 보여주기 위해 **유적 공산주의**에 대해 말한다.

공산주의와 나치즘을 이른바 극단적인 것으로 동일시하는 사람들은 따라서 공산주의의 철학적 의미에 대해 완전히 오해하는 것이다. 모든 사람들의 제한 없는 평등을 말할 때, 공산주의는 받아들여질 수 있는 이름이다. 공산주의의 이념은 정치의 진리를 제 지평으로 삼는다. 끝도 한계도 없기에, 그 진리란 언제나 다시 시작되어야 한다고 해도 말이다. 그 이념을 20세기의 국가적 공산주의의 독재 형태들과 구별하는 것으로 충분하다. 자본주의는 인간 안의 동물, 즉 인간 동물이라는 모델로부터 사유되고 승인된 구조들의 맹렬한 탐욕이다. 민족들은 그 자체로 개별적인 몸들이라는 것에 비견할 만하다. 다시 말해, 민족들은 자연적인 현실이자 현존하는 구조들로서 명백하다. 그러나 진리는 아니다.

사랑에 대해 말하자면, 그것은 둘의 경험이다. 우리는 이념에 충실한 합체의 경험을 둘이서 만든다. 만남의 사건과 구축된 충실성을 통해, 우리는 둘을 만든다. 단지 우리뿐이라고 해도 말이다. 이기적인 욕망은 아직 사랑이 아니라는 것을 누가 모르는가? 사랑하기 위해서는 자기 자신이 아닌 다른 사람이어야 한다는 것을 누가 이해하지 못하는가? 욕망만의 법칙과는 반대로 거기서 그것은 이념의 이름으로 이기주의를 탈인격화하라는 요구이다. 그 후 둘이서 살아가는 것의 이념, 두 가지 관점에 따라 상황을 공유하는 이념 말이다. 사랑의 주체, 그것은 따라서 그 또는 그녀가 아니라, 우리 안에서 서로를 넘어섬에도 불구하고 서로를 조화시키는 것이다. 환상에 의한 것이 아니라면 거기에 융합이란 없다. 사랑 안에서, 우리는 그와 함께 주체를 만들기 위해 타자와 맺어진다.

진리는 결국 예술 작품, 사랑, 정치의 과정들과 유비적인 과정을 통해 과학이라는 조건 안에서 실험된다. 다시 말해 그것은 우리의 저속한 본성을 탈인격화하는 고행이다. 객관성에 타격을 주기 위해서는 우리의 평범한 주체성, 의견, 선입견을 포기해야 한다. 이 경우에, 세계에 대해 말할 수 있는 것을 전달하고 서로의 관점이 갖는 독특성을 필요로 하지 않는 구조들 전체를 '객관성'이라 부를 수 있다. 예를 들어 수를 이해하는 것과 셈하는 것은 감정 또는 개인적 욕망의 문제가 아니다.

우리는 과학적 인식이, 가령 예술과 같은 자격으로, 형식들을 (언표들, 이론들, 규약들을) 정교화한다고 생각할 수 있다. 그 형식들은 경험의 요소들, 세계에 대한 통찰들, 진리들의 윤곽들을 포획한다. 그것은 또한 다른 여러 가지를 놓친다. 그러나 보라! 사건(그때까지 분리되어 있던 인식들을 연결하는 실험적 발견 또는 멋진 이론적 종합)은 돌발한다. 그때 모든 것은 그 형식에 포획되어 있던 것과 아직 포획되지 않던 것 사이의 관계 속에서 전환된다.

그것이 바로 과학의 질서 안에서의 사건이다. 형식은 새로운 영토들을 획득한다. 그리고 지식의 몇몇 양상들은 이 새로움을 통해 전복되는가 하면, 그 양상들을 포함하거나 그 의미를 다르게 표현하는 그 새로운 배치 안에서 재조직되기도 한다. 그렇게 칸토르의 집합론은 수학이 수 또는 점을 통해 만들어낸 관념들을 심대하게 수정했다. 수와 점은 모두 정수론 또는 유클리드 기하학보다 더 일반적인 이론에 속해 있는 특수한 경우가 되었다.

마찬가지로, 양자물리학은 과학적 인식에서 당연하고 절대적으로 특수한 것으로 보였던 결정론적 발상들을 전환했다. 이론적 공식과 수학적 계산은 근본적인 새로움을 향해 열린다. 그것은 바로 원자의 층위에서 보이는 물리적 현상의 비결정이다. 이 층위에서는 모든 것이 전복된다. 인과관계, 속성의 결정, 물질 입자의 개별성 등등…… 문제가 되는 것은 분명 고전적 결정론의 오래된 공식들 안에 포획되어 있었던 것과 수학 안에서 잠들어 있던 것 사이에서 정립되는 새로운 관계다. 과학적 인식은 거기에서 예외가 되어왔던 것 자체(비결정론적 물리 현상)를 통해 풍부해지게 되었다.

그러나 확실히 당연해 보였던 형식들을 근본적으로 바꾸는 사건의 힘을 아인슈타인의 특수상대성이론과 일반상대성이론보다 더 잘 보여주는 것은 아무것도 없다. 쇤베르크가 불변적인 것처럼 보였던 음악적 형식들을 전환시키는 것과 마찬가지로, 아인슈타인은 공간과 시간의 형식들 그리고 그 형식들 사이의 관계에 대한 지나치게 인간적이고 감각적인 표상들을 뒤집는다.

## 마지막으로, 윤리에 대하여

사람들은 때때로 마치 진리가 소유될 수 있는 지식인 양, 진리를 독점할 수 있다고 믿는다. 또는 유일하고, 결정적이며, 전체적인 혁명을 믿듯이 사건을 믿는다. 그로 말미암아 등장하는 것은 불평등한, 파시즘적인 또는 민족주의적인 정치적 관념들, 사랑에서의 이기적이고 집착적인 융합, 예술적 실험에 대한 거부, 과학에서의 몽매주다. 그러나 인간은 진리들을 소유하는 것이 아니라, 진리의 무한한 창조적 잠재성을 수용하는 데 그친다.

진리의 주체가 되게 하는 사건에 대한 충실성은 어려운 것일 수 있다. 조만간, 정치적 장애물, 부부싸움 또는 상대에 대한 무관심, 예술의 낙담, 과학적 난관이 있을 것이다. 그러나 열광, 행복, 기쁨과 즐거움의 **정동들**은 나로 하여금 그것을 이겨내게 할 것이다. 내가 충실성과 합체의 길에 계속 있다면 말이다. **윤리**는 그것이다. 그것은 미리 규정된 도덕적 규칙들 전체가 아니다. 윤리는 진정한 사건을 통해 나에게 열린 길을 계속하고 지속하는 데 있다.

그러므로 윤리는 또한 인간이 사건의 실존을 인정하는 것이다. 그것은 사건을 믿는 것, 마치 기계적으로 [채널을 돌려] 텔레비전 프로그램을 바꾸듯 단지 외관상으로만이 아니라 진정으로, 상황과 사물을 바꾸는 무언가가 도래할 수 있다고 믿는 것이다. 누가 사건, 이념, 진리 그리고 그것에 합체되는 데서 오는 모순적이지만 완전한 행복을 마다할 수 있을 것인가?

*

엄격한 존재의 수학, 그러나 힘과 즐거움인 이념의 사유. 철학사에서 바디우는 유물론의 엄격한 명료함과 관념론의 불굴의 희망 사이의 새로운 종합의 이름이다.

많은 사람들이 바디우의 철학은 어렵다고 말한다. 틀린 말은 아니다. 바디우의 철학적 사유에 통일적으로 접근하기 위해서는 다양한 경로가 필요하다. 바디우의 철학 자체가 많은 사람들에게 생소한 현대 집합이론에 근거하고, 프랑스 현대철학의 유산을 비판적으로 전유하며, 현대의 새로운 실천들을 종합하고 있기 때문이다. 하나를 이해하면 다른 하나의 미궁이 드러나고, 그 미궁에서 빠져나오면 또 다른 난제가 기다리고 있다. 사실상 바디우의 철학은 그 자체로 엄청난 난제라고 말할 수 있다. 그런데 과연 바디우의 철학만 그런 것일까? 들뢰즈나 데리다의 철학이 바디우의 철학보다 더 쉽다고 말할 수 있을까? 내가 보기에 그런 생각은 어불성설이다. 오늘날 현대의 새로운 실천들에 의거하지 않는 철학은 없고, 철학사에 대한 비판적 성찰을 외면하는 철학 역시 없다. 그리고 그것은 고대 이래 모든 철학의 운명이었다. 철학은 그 자체로 사유에 대한 복잡다단한 성찰이며, 그것을 통해 새로운 사유를 구축해나가는 긴 과정이다. 현대에 오면 이러한 상황은 더욱 두드러진다. 철학은 언제나 철학사 그 자체를 지렛대 삼아 앞으로 나아간다. 거기에 새로운 사유의 실천들, 다시 말해 정치, 과학, 예술 등의 창조적이고 실천적인 사유가 더해진다. 변화한 삶의 조건들과 그것을 통해 드러나는 새로움이 철학적 사유를 또한 새로움으로 이끈다. 철학은 그렇게 이어져왔고, 그렇게 이어질 것이다.

그런 점에서 모든 철학은 '개입'의 기능을 수행한다. 추상적인 사유의 맥락에서부터 가장 구체적인 현실의 문제에 이르기까지 철학은 개입으로서 존재한다. 철학의 실존은 정황에 대한 개입을 통해 드러나며, 역사 속에서 돌발하는 새로움은 그 개입을 통해 정당화된다. 결국 철학을 가능하게 하는 것은 구체적인 '현실'이다. 사람들이 흔히 오해하는 것과는 달리 철학은 철저히 현실에 근거하고, 그 현실에 개입하며, 새로운 현실을 만들어내는 원칙을 제시한다. 철학은 현실의 요구이며, 현실에 대한 근본적인 성찰이라고 말해야 할 것이다. 그렇게 볼 때, 현실에 대한 성찰로서의 철학에 대한 이해는 현실에 대한 이해를 전제한다. 그것이 바로 엄정하고 난해한 철학에 접근하는 하나의 방식이 되는 것이다. 현실에 대한 철학의 개입은 과연 어떤 것인가? 바디우에게, 그것은 현실을 평계 삼아 모든 새로운 시도들을 불가능한 것으로 낙인찍는 지배질서에 반대하여, 불가능한 것을 새로운 가능성으로 제시하는 개입이다. 바디우가 자주 철학의 혁명적 욕망이라 부르는 것은 '사유와 실존(개인적이고 집단적인 실존)에서의 혁명'이라는 욕망이다. 그것은 사유와 실존의 영역에서 불가능으로 낙인찍힌 것을 가능으로 돌려놓으려는 욕망이라고 말할 수 있을 것이다. 그것을 가능하게 하는 사유를 추적하고, 그 사유를 통해 진리의 궤적을 발견하는 것이 바로 철학자의 일일 것이다.

여기 내놓는 《철학과 사건》은 바디우 자신이 그런 관점에서 자신의 철학을 설명하는 대담집이다. 인터뷰의 당사자인 파비앵 타르비가 말하고 있는 것처럼, 바디우 스스로가 자신의 사유에 대한 안내자가 되어 독자로 하여금 자신의 철학을 이해하게 할 뿐 아니라, 오늘날의 현실을 설득력 있게 파헤치고, 그 안에서 새로운 가능성을 제시하고 있다. 바디우가 '진리 생산 절차'로 규정한 정치, 사랑, 예술, 과학을 거쳐 철학으로 끝나는 이 인터뷰는 그 과정을 통해 바디우 철학의 개요를 잘 보여주고 있을 뿐 아니라, 새로운 사유의 가능성을 보여주는 풍부한 내용을 담고 있다. 이 책이야말로 지극히 난해하다고 알려진 바디우의 철학을 이해하는 기본적인 지침서 역할을 하면서도 오늘의 현실을 진단하고 미래의 새로운 전망으로 나아가는 철학적 개입의 전범을 보여주고 있다고 나는 감히 단언한다.

번역은 언제나 인내의 작업이다. 프랑스어와 한국어는 그 물리적인 거리만큼이나 먼 까닭에, 한 번도 번역을 쉽게 한 적이 없다.

소질도 없고 인내심도 부족한 터라, 작업은 자주 중단되기 일쑤였고, 시간의 여유가 없을 때는 한발을 내딛는 것조차 힘들었다. 이제 이 고통스런 노동을 한 번 접어놓을 시점이 더 앞으로 다가온 것 같다. 번역 원고의 완성을 차일피일 미루는 옮긴이 탓에 적잖이 애를 태웠을 오월의봄 출판사 관계자들께 미안한 마음은 한이 없다. 그 인내에 감사할 따름이다. 어느덧 무한한 사랑을 일깨워준 여섯 살 서연서와 네 살 서준영에게 머리 숙여 감사한다. 그 길로 나를 잡아끌어준 김연주에게도 사랑과 감사를 전한다.

2015년 8월 서용순

# 철학과 사건

**초판 1쇄 펴낸날**   2015년 9월 1일
**초판 2쇄 펴낸날**   2023년 5월 18일
**지은이**   알랭 바디우·파비앵 타르비
**옮긴이**   서용순
**펴낸이**   박재영
**편집**   이정신·임세현·한의영
**마케팅**   신연경
**디자인**   조하늘
**제작**   제이오
**펴낸곳**   도서출판 오월의봄
**주소**   경기도 파주시 회동길 363-15 201호
**등록**   제406-2010-000111호
**전화**   070-7704-5018
**팩스**   0505-300-0518
**이메일**   maybook05@naver.com
**트위터**   @oohbom
**블로그**   blog.naver.com/maybook05
**페이스북**   facebook.com/maybook05
**인스타그램**   instagram.com/maybooks_05

**ISBN**   978-89-97889-80-8  03100

**만든 사람들**
**디자인**   나윤영